最完美的抵达

戴荣里◎著

中国高铁之梦

天津出版传媒集团
百花文艺出版社

图书在版编目（CIP）数据

最完美的抵达：中国高铁之梦 / 戴荣里著. -- 天津：百花文艺出版社, 2014.4
ISBN 978-7-5306-6169-7

Ⅰ. ①最… Ⅱ. ①戴… Ⅲ. ①高速铁路-概况-中国 Ⅳ. ①U238

中国版本图书馆 CIP 数据核字(2014)第 089047 号

选题策划：李华敏 刘 洁　**装帧设计**：郭亚红
责任编辑：刘 洁　**责任校对**：曾玺静

出版人：李华敏
出版发行：百花文艺出版社
地址：天津市和平区西康路 35 号　**邮编**：300051
电话传真：+86-22-23332651（发行部）
+86-22-23332656（总编室）
+86-22-23332478（邮购部）
主页：http://www.bhpubl.com.cn
印刷：天津市银博印刷技术发展有限公司
开本：787×1092 毫米 1/16
字数：140 千字　**图数**：49 幅　**插页**：2 页
印张：12　**印数**：30000 册
版次：2014 年4 月第1 版
印次：2014 年4 月第1 次印刷
定价：32.00 元

谐号
CRH

1764

前进 7038

中国中铁大桥
创世界一流
以
科

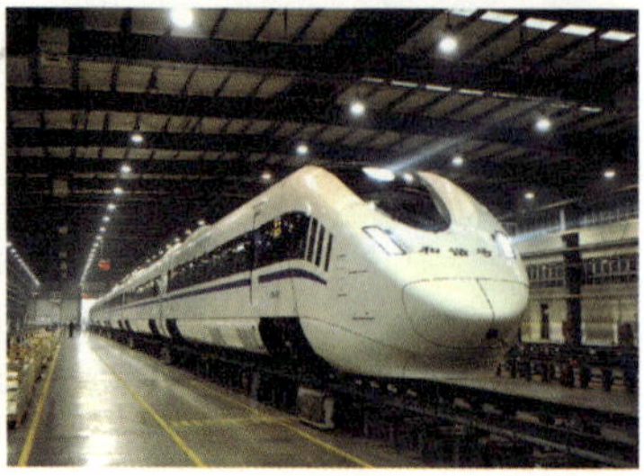

和谐号
CRH

铁隧道集团承建红石
红石岩隧道

兴旺峁隧道
1421

中国中铁隧道承建中国铁路第一长隧关角隧道
扎根高原 坚定信念 继续保持昂扬斗志 把关角隧道建成精品工程

CSR
CRH

和谐号

目　录

【自序】

中国高铁之梦

火车开往春天是一个完美的过程。

火车带领人类走进春天，自火车诞生以来，人类发展的速度越来越快，文明的程度越来越高；而世界高铁的发展，则为全人类带来新的喜悦，许多国家开始借此登上经济发展的超级快车。

21 世纪，中国人的飞驰之梦终于得以实现。中国高铁作为一项无数铁路人魂牵梦萦的事业，在短短的时间内，达到了外国铁路几十年才能达到的水平。从铁路六次大提速，到今天人们乘着高速列车驰骋，一代又一代铁路人追求的梦想终于得以实现。从京津城际铁路，到武广高铁、郑西高铁、沪宁高铁、京沪高铁的相继开通，中国高速铁路无论运行速度还是运行里程的飞速跨越都达到令世界艳羡的境界。中国高铁的快速发展，一方面为中国交通格局的大转变和经济腾飞带来了契机；另一方面也改变了国人的生活理念，促进了国民生活品质的巨大的提升。

高铁在改变着中国，高铁也在推动着世界。昨天的高铁给人们带来的是惊喜，今天的高铁给人们带来的是经济文化生活的跃升，明天的高铁将给世界带来经济文化一体化的格局，带来民主、平等、繁荣的图景。世界在高铁滋润下，时空变幻，异彩纷呈，未来是高铁的未来，世界将为高铁展开宽广的舞台。

我有幸参加了中国高铁建设，作为京沪高铁建设管理部门的一员，我曾用三年时间细细地感受中国高铁的发展过程。通过默默地观察、聆听、体悟，我清晰感受到涌动在每个建设者心中的一种不甘落后、不肯服输、顽强拼搏的精神，也感受到中国人团结奋斗所凝聚的创新力量之不可阻遏。高铁的发展凝聚了决策者的智慧、技术人员的心血、建设者的辛劳和民众的期盼。在建设高铁的日子里，我时常体会到一个个参与者的热情与勇气、创新与严谨。高铁是一块巨大的磁铁，吸引更多的人对其关注、参与，为之奉献、拼搏；高铁又是巨大的孵化器，孵化更多人的梦想与创造力，高铁之成功，是国家兴旺发达的丰碑，也是民众安居乐业的标志。

后来我离开了高铁，就职在北京某个与铁路有关的施工企业，但我对高铁的情愫仍然日益浓烈。每当乘坐高铁，看到高铁的报道，听别人谈起高铁，我都会感觉自己顷刻就会融入其中，也感觉到好像自己被人关注一样。高铁，犹如亲人一样给我以别样的情感；后来我发现，这不仅仅是我一个铁路人的情感，在我的同学、朋友、同事和亲戚中间，虽然他们对高铁的感受各不相同，但能感觉到他们对待高铁却是一样的惊喜与亲切。因为高铁关乎他们的生活，使他们可以随时触摸到高科技发展与民众的关系，让他们体会飞速之美带来的社会变化。也许正是因为这种感情，在高铁所营造的气氛中，我萌发了要为高铁创作一本书的冲动。

感谢中国作协给我提供了一次深入生活的机会，2013 年，我有幸和南车集团、北车集团、中国铁建、中国中铁宣传系统以及至今仍奋战在高铁建设一线的工程技术人员、首席操作师们有了更多接触的机会，使我能更广泛地接触高铁建设的每个侧面，能从更宏观的角度审视高铁。这些高铁建设单位无私地向我提供了相关资料和报道，给我提供了许多弥足珍贵的情节，我也在深入采访中领略到建设者的风采。深入生活的过程也是受教育的过程。我从来没像这次一样，设身处地地感受到中国铁路人的伟大、中国高铁的快速发展、中国高新技术创新能力的巨大。中国高铁不是外国高铁的简单翻版，而是脱胎换骨的技术再造；中国高铁不是跟在别人屁股后面跑的模仿，而是集多年技术积淀于系统工程创新于一身的产物。在中国高铁技术创新中，土木工程的技术创新目前已经超过世界一流水准，而动车组和控制系统大多数也已经到达世界领先水平。中国高铁技术创新不是一种自吹自擂的标榜，而是实实在在的超越。高铁建设者的动人事迹有时让我慨叹，有时让我唏嘘，有时令我振奋，有时令我心酸。这是一个埋头苦干的群体，这是一个互相砥砺的群体，这是一个多干少说的群体，这是一个以民族振兴为己任拼搏奉献的群体，这是一个靠科技与文化双轮驱动的群体，这是一个一直奔跑在创新前沿的群体。我在采访他们时，感觉他们个个都像开足马力的动车，在牵引着中国飞奔。你能感受到这是一种潜在的巨大力量，推动着中国快速迈向高铁时代。他们是为强国梦奋斗的人，他们是为富民路献身的人，他们是构建描绘未来中国的人，他们是为中国走向世界而呕心沥血的人。他们视工作如生命。听他们的话提神，看他们的行动鼓劲。我在密集的采访中，感受到他们赋予我的是不尽的正能量。与其说我是在写他们，不如说在接受他们的教育。因为他们，我们没有理由去懈怠、没有借口去抱怨、没有时间去虚度。在写作期间，我还得到人民铁道报社李春冀和中国铁路博物馆王新桥等同志的大力支持和无私帮助，他们为我提供了大量的图片资料和视频资料，对此，一并表示感谢。感谢百花文艺出版社的编辑刘洁，是她在我春节休假期间仍然紧追不放，促成了这部书稿的诞生。限于水平和时间，这本书错讹之处一定不少，愧对中国最完美的抵达过程，但这部书得以问世，确实使我的心境得以感受了一个完美的过程。

在最美好的春天谈论春天一样的中国高铁的确是一件快乐的事情。中国高铁所生发的创新之花、繁荣之绿，中国高铁所播撒的文化之云、艺术之雨，都给中国人留下了深刻的印象。我想把这本书写成带有一点科普性质的报告文学，因为更多的人需要了解、亲近、支持高铁，单纯的赞美无法说明高铁的一切。在浩繁的资料中，在我亲身经历的感动中，我梳理着关于高铁的一切，最终形成了这样一本书。把它写出来，还为了还公众对高铁一个真实的认知，还高铁在中国最本真的面目。我在参考文献里恭敬地将这些资料提供者写进去。高铁是一个系统工程，本书也是一本系统集成。

一个人有美好的梦想会成就他的事业和生活，一个民族有伟大的梦想会成就一个国家的现在和未来。中国高铁的快速发展积聚了无数铁路工程技术人员的心智，我一直崇尚一句话：多干少说、干了不说。中国的高速铁路在一定时期内仍因各种原因受到各方质疑和误解，而廓清认识误区要靠时间和事实来说话，且再等待一段时间，让时间来检验，靠高铁自身的健康发展来证明吧。

高铁彻底改变了人们在大地上行走的历史。当你随高铁贴着大地飞驰的时候，高铁给你带来的那份愉悦与畅想，会让你生出无限感慨。诚然我们仍然可以指出高铁的许多不足，但高铁给人们带来舒适与便捷的感受，却是许多人都切身体会到的。国家要发展，民族要进步，需要一种技术还民众以生存的尊严，高铁无疑是这样一种最具承载力的工具。

有人说梦更多是感性的，我感受的高铁之梦却是理性的。众多的中国铁路工程技术人员，在机车制造、动车实验、运行控制等诸多方面做出了长期艰苦的努力，是靠他们的踏实苦干与不懈拼搏，才为我们实现了一个美丽的梦。中国需要更多的像高铁一样的梦，因为这些梦都凝聚着无数人长期的探索和坚强的信念，它们是有源之水、有本之木。

中国因为高铁提振了国民的尊严，也会因为高铁拥抱更加美好的未来！

戴荣里

2014年3月24日于北京翠成馨园　游燕斋

【第一章】
梦想与技术的结合体

人类发展的历史，就是一部追梦、造梦、让梦想逐渐实现的历史。远古时代的人们为梦想披上寓言和神话的外衣，让后人在其中遨游、陶醉。然后，时光荏苒，许多梦想就这么一步步地实现了，其中，最伟大的启蒙者就是当年的那些寓言和神话。人类从诞生的那天起，就无时无刻不在与周围的世界进行着抗争。为了生存，人类奋力拓展自己的发展空间，他们总是希求通过各种手段，增强自己制约或者改造大自然的能力。人类在与自然的磨合中不断调整着自己，当他们发现，仅靠自己的身体再也无法满足更大的发展愿望，无法抵达更加遥远的目标，无法生活得更加自如自在的时候，就开始尝试借助工具和技术改变自己，就这样，人类在增长技能和知识的各种道路上一路走来。学会了使用工具，人类才获得了自身平安繁衍的可能性。从渔猎工具到种植工具，从最原始的盖房杠杆到今天的巨大吊装机械，人类对工具的使用日臻合理和完善。人类这样做，一方面是为了增强自身能力，达到身体本身所不能达到的能力要求；另一方面，是为了追求更好的生活，换言之，也是为了达到更高层次的对自然的驾驭与占有。也有人说，人类越进步就越荒诞，这是指人类为了发展自己而破坏了自然。事实上，曾几何时，具有贪婪天性的人类在与自然抗争的过程中一直强调着自己的欲望和权利，很少停下来扪心自问这种发展最终给自己带来的将是怎样可怕的回击。古往今来，人类的美好梦想和所谓贪婪的欲望始终紧密结合，但是也应该承认，正因为人类始终在追逐着各种梦想，才持续保有了推动自身前进的强大动力，而其中，知识与技术的革新每每成为社会进步的强大引擎。从某种意义上说，世界文明的发展史就是科学技术的发展史。那些带有梦想色彩的技术的进步，把人类一步一个脚印地带到了文明的时代，让人类一点一滴地意识到，除了掌握自身的命运外，还要给生存环境一个合理的回馈。相应的，那些与人类生存休戚相关的自然元素，也慢慢地呈现出本真的内核，让受到欲望驱动的人类有意识地停下自己的脚步，反躬自省。今天，当在一种回归理性的心态下去回望自身发展历程时，我们不难认识到，人类在为梦想的实现而浴血奋斗的同时，也在贪婪攫取的惯性轨道上疾驰，这个过程长达几千年。

本书探讨的主题，是中国高速铁路的前世与今生，当然，也包含了它的美好前景。作为屹立于世界铁道交通业自主知识产权之林的代表性力作，中国高铁的发展与中国铁道事业乃至世界铁道事业的发展息息相关。其中，交通工具的发展历程又是交通业发展史的重要组成部分，理清这部分历史的发展脉络，对于反思人类发展自身、反思生态伦理观，谋求人类与自然的和谐相处十分重要。尽管以反思的角度去思考人类交通工具的历史，似乎不能免于对人类文明发展功绩吹毛求疵，但从人类未来发展的可持续性角度而言，这种思考也意味着一种人类的理性反思和自我进步。在本章中，我们将通过对铁路交通工具发展史的梳理，去思考人类在追求梦想的过程中究竟有哪些睿智的东西和不得不面对的失误，以及如何通过科学的发展方式去弥补其间的过失和不足。

早在诞生之初，人类就一直在探寻找到一种既省力又快捷的行走方式。人类最初的行走速度为每小时 3 公里左右，完全无法和森林里的野兽相比，威胁自四面八方而来，人类迫切需要结束这种缓慢的行走方式。同时，早期推拉抬移的运输方式也显然不能满足人类对更多收获物的运输需求，这也迫使人类必须摸索出更加快捷的运输方式。

轮子的出现实现了人们的最初愿望，成为人类交通运输史上最伟大的发明，直至今天我们仍然享受着轮子带给人类的美好感觉。车轮滚滚永远带给我们一种动态之美，人类由此实现了从慢吞吞的直线移动到速度加快几倍、十几倍、几十倍的滚转移动。这种圆形的新型工具的出现可不是一个小小的变化，曾有人对有史以来人类的各种重大发明进行排序，车轮当之无愧地被排进了前十位。车轮让人类大大减少了在大地上行走的摩擦力，充分提升了运输物品的效能。在公元前2000年，装配木制轮子的马车出现，这种省力又快速的运输工具最大限度地扩展了人类的生存空间。一个原来饱受步行劳顿之苦的人，现在得以乘坐一架悠然而行的马车，从一处景致到另一处景致，在原始的土地上，享受大自然对快速行驶者的丰厚馈赠。摆脱了行走的劳累，让人们有更多的时间欣赏映入眼帘的一切，从而改变人们最初的时空印象，这是何等惬意的事情！我们完全可以想象到彼时的人类在乘坐木轮车行走时的欣喜之情。据《礼记·中庸》记载，公元前221年，秦始皇统一六国后，按照“书同文、车同轨”的“制式”规定，统一了车的样式。在西方，到公元200年时，罗马街道上的四轮运输车已经以每小时6到7公里的速度行驶了，几乎比人类步行快一倍，这足以让人们喜不自胜。

在追求运输方式的改善上，人类一直没有停止探索的脚步。轮子的出现固然是一种伟大创举，但如何更好地利用轮子，则使古往今来的发明者前仆后继，纷纷步入了智慧发展的长河。《三国志》中记载诸葛亮在北征时使用的木牛流马，时速已经达到一二十公里，速度之快令人咋舌。1791年，法国人西夫拉克制造出第一架代步“木马轮小车”，成为现代自行车的雏形。这些在我们今天看来十分普通的运输工具，实则承载了古人最卓越的智慧和最艰难的探索。今天的我们仍可以从这些运输工具上，触摸到历史上那些伟大发明家的奇思妙想与智慧的灵光。虽然马车和自行车无法与后来的汽车和火车相比，但这些运输工具的确为后来的发展奠定了基础。

汽车的发明使人类摆脱了运输工具靠人和动物驱动的历史，动力机械在此派上了用场。这种全新的运输工具打破了人类运输速度的纪录，给人类带来更大的喜悦。汽车的发明者卡尔·本茨（Carl Benz）于1886年1月29日获得世界上第一项汽车发明专利（这一天也成为现代汽车的诞生日），从此，人类运输史拉开了速度竞争的序幕。为了提高速度，人类不仅从汽车本身入手，还致力于不断改变行驶环境。1925年，在美国诞生第一条高速公路，为汽车的平稳行驶提供了优越的地面条件；而时至今日，在中国，高速公路已经发展成快捷的运输网络。

对速度的挑战并不仅仅局限于对陆上运输工具的改进，人类也在凭借自己想象的翅膀做着各种运输方式的探索。飞机和轮船的发明与制造使人们可以在空中自由飞翔、在海上尽情巡游。1903年，美国莱特兄弟设计制造的飞机成为人类最伟大的发明之一。而随后的第一次世界大战，交战双方大规模使用飞机进行作战，人类将最伟大的发明用于毁灭自己，这是发明家在绞尽脑汁进行发明创造的时候所完全不能设想的。不断发展起来的城市要求更强力高效的运输物品、人员的交通工具，人类自身也渴望结成团队从一个地方抵达另一个地方。无论中国古人的飞天梦想曾向我们描绘了怎样一幅动人的画面，无论神曾赠予每个信徒对天空怎样的遥想，现实生活中的人们一直在期待着一种全新的交通工具的诞生。这种交通工具不仅能满足人们对大批量货物运输的需要，更可以承载更多的旅客完成优雅而愉快的旅程。人们最初对汽车和飞机赞不绝口，但随着时光的推移，他们发现汽车的承载量和飞机起降条件的局限性无法让欲望获得最大限度的满足。人们期待着有一种发明，能更好地满足他们更高的要求。这种期待，就是科学家进行探索和研究的动力。

在人们的翘首期盼中，第一列火车终于成功开行，从此，人类的运输史进入了一段新的旅程。当我们今天亲历城市里拥挤不堪的汽车和尾气、雾霾给出行的人们带来的种种不便，我们不免感谢火车的发明者，因为火车带给人类的感觉一如它横空出世时的样子：敦厚而沉着的脾性一点没有改变。我们无法忘记火车，它给人类带来了一种全新的交通文明，把人类从一种追求速度的单一文明带入了更多元化的境界。我们感谢火车，是它使人类在其后200年的时光里，促进了世界各种文化的不断融合，促成了地域间的交流与沟通，使得城乡经济飞速发展。火车成为跨越世界的最富温情的文明传播者，成为给人类带来巨大福音的交通工具。

20世纪80年代，在我还是一名铁路工人的时候，我可以享受免费乘车的优惠。虽然那时的绿皮火车在舒适度上无法和现在的高铁车厢媲美，但我仍然怀念那列能够让我无忧无虑地乘坐的慢悠悠的绿皮火车，它载着我从一个城市抵达另一个城市，观赏一处处美景的青春时光。年轻无羁的野性那时候也会从火车上获得游弋和驰骋的可能。火车给我们带来外界的消息，火车承载曼妙的身影和歌声，我喜欢乘着火车去旅行。那时候，中国铁路的承载是超负荷的。即使到了现在，中国高铁已经覆盖到一万公里，超过了世界其他国家高速铁路运营里程的总和，仍然不能满足国人使用的需求。铁路，过去和现在一直走在发展的路上，对人口众多、幅员广大的中国而言，铁路发展的脚步不会停歇，也不能停歇，因为中国人需要铁路，他们的生活和对生活的各种梦想，需要通过铁路得以加速实现。

工业文明与人类理想催生世界铁路

让我们从头说起。

1763 年，英国的仪器修理工詹姆斯·瓦特(James Watt，1736–1819)发明了蒸汽机，工业时代到来了。

且慢，事情不完全是这样的。在他发明这个重要的机器之前，还曾经有人做过艰苦不懈的努力。早在 16 世纪，欧洲的采矿业已经十分发达，但是土质路面无法满足由此带来的超负荷运量。聪明而严谨的德国人运用了古罗马的经验，在哈兹煤矿铺设石质路面，用马拉矿车把大量煤炭运到码头。只是铺设路面的施工量太大，后改为只在车轮碾过的地方铺设两行石板，于是形成石轨。大概是 1660 年，英国纽卡斯尔附近的煤矿出现了行走在木制轨道上的马拉矿车，但为了解决木制轨道容易磨损的问题，有人将一层铁皮钉在木轨上，这样，世界上最早的“铁轨”出现了。然而，对于飞速增长的运输量，蒙铁皮的木轨仍然难以承受

▲ 英国有轨马车，轨道运输的先行者，虽然只是雏形却是铁路轨道的母本。

▲ 特勒维蒂克1801年制造的蒸汽机车的复制品，绰号“Puffing Devil”，已经基本具备了蒸汽机车的所有元素。

反复碾轧，破损率之高令人无法忍受。

到了1768年，英国什罗普郡煤溪谷铁工厂生产的生铁，由于价格杠杆作用，卖出去价格太低，放在那里又要占用很多地方，就把生铁浇铸成铁板，铺在工厂的路上，准备等到铁价上涨时再卖出去。后来使用者惊奇地发现这种板式铁路比原来的蒙着铁皮的木轨更好用，于是很快在矿区得到大面积推广。

铁路发展史上的一个里程碑式的事件发生在1789年，英国土木工程师威廉·乔西亚（William Josias，1745–1814）在这一年设计出凸型铁轨和外轮缘凸出的铸铁车轮，现代铁路的雏形出现了。

有了这些还不够。世界上第一台蒸汽机的雏形始于一个由古希腊数学家希罗（Heron）于公元1世纪发明的汽转球。到了1712年，英国德文郡达特茅斯的铁器商人托马斯·纽科门（Thomas Newcomen）制造出活塞式蒸汽机，把它安装在斯塔福德郡达德利堡附近的煤矿，主要用于抽水。1763年，格拉斯哥大学的技师詹姆斯·瓦特，出于对纽科门式蒸汽机的能效不满而致力于对之做出改进，于1769年制造出第一台样机，其能效比纽科门蒸汽机提高了5倍以上，同时还节约了大量燃料，大大提高了蒸汽机的经济适用性，使其批量生产成为可能。到1825年，英国蒸汽机数量达到创纪录的1.5万台，总功率高达37.5万马力，瓦特由此开辟了人类利用能源的新时代，标志着英国工业革命的开始。蒸汽机提供的强大动力，推动了英国采矿、钢铁、机械、纺织行业的兴起，大大加速了英国的原始积累。为市场提供了大量消费商品，加速了资金的积累，同时对运输业提出了迫切要求。尤其是采煤业的扩张，英国的煤炭产量从1700年的300万吨，增长至1800年的1100万吨。产量如此巨大的飞跃，只靠马拉矿车，显然难以承担。

人类迈入铁路时代的引领者仍然是英国人。1804年2月，英国人、矿业工程师理查·特勒维蒂克（Richard Trevithick）建造了世界上第一台蒸汽火车。受家庭影响，特勒维蒂克19岁就获得了技术顾问的职位。特勒维蒂克认为，瓦特发明的低压蒸汽机体积庞大，如果在汽缸内使用高压蒸汽，就能缩小体积，功能更强大。自1797年始，特勒维蒂克开始进行高压蒸汽机研制，他对锅炉和传动装置都进行了改进，第一台高压蒸汽设备“puffers”诞生了。其圆柱体锅炉能够承受0.34兆帕的压力，体积却比瓦特蒸汽机小得多，这种大小使蒸汽机安装到车体上成为可能。特勒维蒂克原本希望用高压蒸汽机取代当时广泛使用的瓦特制造的低压蒸汽机，但是瓦特公司为了继续垄断蒸汽机市场，散布高压蒸汽机不安全的说法，而矿主们考虑到更新设备会花费大量的金钱，更换高压蒸汽机的意愿也不强烈。在饱受挫折后，特勒维蒂克转而将高压蒸汽机应用到运输车辆上。1801年，他制造出英国第一台四轮蒸汽机车，绰号“Puffing Devil”。1803年，他又制造出第二辆蒸汽机车“London Steam Carriage”，这是世界上第一辆利用轨道的机车，于1804年在加的夫首次运行。为了造成更大的轰动效应，特勒维蒂克亲自驾驶蒸汽机车，牵引着5节车厢，满载10吨货物和70名乘客，沿着16公里长的铸铁轨道，以时速3.9公里跑完全程，完成了世界上第一次火车运行，但这个旅程用了4个小时，比马车的速度还要慢得多。虽然这个新奇玩意儿使乘坐它的人们觉得新鲜有趣，但其速度却比马车还慢，这让它在竞争中完全没有优势，最终只是沦为了一个表演道具，不可能运用到机器大生产上。1820年前后，蒸汽铁路在英国兴起，特勒维蒂克眼睁睁地看着英国人将“火车之父”的桂冠戴到了乔治·斯蒂芬逊（George Stephenson）的头上。

乔治·斯蒂芬逊，1781年生于诺森伯兰城一个煤矿工人家庭，1812年成为基里沃思（Killingworth）煤矿的机械师，负责维护蒸汽机械。1814年，斯蒂芬逊研制成功了第一台蒸汽机车，命名为“Von Blücher”（普鲁士元帅布鲁彻之名）。这台蒸汽机车有一个8英尺长的锅炉和两个卧式汽缸，能够牵引载重30吨的8节矿车，以时速6.4公里前进。在此后的五六年里，斯蒂芬逊先后制造了16台蒸汽机车。看到当时无论是木轨还是铸铁轨道都有各自的弱点，不够结实，经常被列车轧断，他经过认真考虑，认为还是要在铸铁轨道上下功夫，于是他与纽卡斯尔的铸造厂联合改进了铸铁轨道性能。1820年，斯蒂芬逊首先在桑德兰建成了一条13公里长的矿区铁路。从1821年到1825年，斯蒂芬逊开始修建世界上第一条公共铁路。这条从达灵顿到斯托克顿的公共铁路全长27公里，由斯蒂芬逊与助手们完成其勘探、设计，并选用百灵顿铁工厂研制的具有较好熟铁韧性的新型锻铁轨道铺轨施工。1823年5月30日，英国国会通过了火车法案。同年6月，斯蒂芬逊父子在纽卡斯尔开设了机车制造工厂，这是世界上第一家专业生产列车的制造厂家。1825年9月27日，达灵顿铁路举行了隆重的通车仪式，斯蒂芬逊亲自驾驶着他制造的火车头“旅行”号，拉着装载50吨煤炭的12节货车车厢和搭载四百五十多名乘客的2节客车车厢，以时速24公里的速度从达灵顿驶到斯托克顿，接着又从斯托克顿装载了煤炭和乘客，返回了达灵顿。自此，用于公共运输的铁路终于诞生。人类的运输史，翻开了新的一页。

19世纪的头二十年，利物浦和曼彻斯特这两个城市的发展速度惊人，不仅人口增长一倍多，而且生产的产品也以几何级数增长着，迫切需要解决运输能力问题。1826年5月5日，看到了修建铁路的益处的英国的议员们，通过了修建利物浦—曼彻斯特铁路的方案。斯蒂芬逊被任命为总工程师。这条全长56公里的铁路，预计耗资高达40万英镑，将把英国纺织工业之都曼彻斯特，与最大的港口城市利物浦连接起来，为工业发展创造更大的可能性。

1829年4月，为了解决使用固定引擎和蒸汽机车的争端，找到速度最快、车体最轻、节省煤又烟少的蒸汽机车，铁路公司宣布将举行一场火车比赛。10月8日，比赛在莱茵希里城的铁路线上进行。最终，斯蒂芬逊研制的“火箭”号赢得了这场比赛。1830年9月15日，利物浦—曼彻斯特铁路举行盛大的通车仪式，首相威灵顿公爵亲自出席。斯蒂芬逊亲自驾驶“火箭”号，牵引着30节车厢和700多名达官贵人，以时速46公里的速度到达终点。路上虽然风雨交加，但并未影响到火车的行进，沿途数万名观众欢呼雀跃。到1830年底，利物浦—曼彻斯特铁路共载客7万人次，1831年的运输总收入高达50万英镑，获利颇丰。到1836年，英国已有724公里铁路，将所有的主要工业区连为一体。铁路极大地推动了英国商业贸易和钢铁、机械、建筑工程、地产等行业的发展，还降低了物流成本，成为真正的"经济大动脉"。在英国的示范下，欧美国家相继掀起了铁路工程建设竞赛，欧洲铁路的腾飞期到来了。

在1866至1870年间，德国社会投资的70%被用来修建铁路，总里程达到2443公里。铁路建设带动了德国钢铁、机械以及商业、金融业的发展，帮助德国迅速从单一的农业国转变为欧洲工业强国。到第一次世界大战前，美、英、法、德、意、西、比等国先后建成了覆盖全国的铁路网。铁路建设奠定了这些国家的工业化基础，对欧美工业化起到了巨大的推动作用。

从1840年至1913年间，全世界每年平均修建铁路1.5万公里。1840年世界铁路总里程还只有8000公里，到1900年长度已经达到了79万公里。到第一次世界大战前的1913年，世界铁路总里程达到了110万公里，其中绝大部分集中在英、美、德、法、俄五国。尤其当时的世界第一工业大国美国，1913年铁路总里程更是达到了40.2万公里，至今这个纪录仍未被打破。由此，铁路运输几乎垄断了陆上运输，其承担的总运输量达80%以上。

铁路发展带动了相关工业技术的发展，同时也引发了诸多的技术问题，比如"轨距之争"。1846年8月，英国国会出台了《铁路轨道标准法》，将1435毫米确定为标准轨距，非经特批严禁在新建铁路上采用其他轨距。然而这个法案仅适用于英国本土，其他国家依然修建了数十种窄轨、宽轨铁路，其中比较著名的有当年中国的阎锡山地方政府出于多方面考虑，在山西修建了比全国通行铁路的轨距更窄的铁路。

1851年5月至10月，英国伦敦举行了第一届世界博览会。英国大西方公司以"外岛勋爵"号蒸汽机车参展，其重量达35吨，功率1000马力，能拉动120吨货物以时速100公里前进。法国、比利时也争相携新款蒸汽机车参展。1878年的巴黎世博会上，耐磨钢轨是各大铁路公司争相炫耀的重大成果，英国送来参展的铁路钢轨，其单根长度甚至达到了40米。

早期的火车不仅在运输能力上十分有限，而且在配套设施上也不尽如人意。比如取暖设备，1850年后才开始用火砖取暖。所谓火砖就是把砖块烧热，装进铁盒放到座位下面，每三四个小时更换一次。火砖散发的热量小，散热时间短，防寒能力差，直到1870年以后，新型取暖装置开始陆续出现，取暖问题才逐渐得到解决。早期火车上的照明主要依靠蜡烛，1850年后改为油灯，1875年前后又改为瓦斯灯。它们的共同缺点是光线不足、使用不便、安全性较差。直到1886年，火车上才出现了适用的照明装置。

早期的火车车厢也很简陋，在四轮敞口板车上装上几排木椅，甚至连顶篷都没有。后来慢慢出现带顶篷的客车车厢和封闭式的货运车厢。1838年，英国铁路出现了专用的邮政车厢。1853年在美国哈德逊—利巴铁路上，又出现了带走廊的客车车厢。1863年在美国费城—威尔明顿—巴尔的摩铁路上，出现了最早的铁路餐车。餐车分为餐厨区和两间吸烟包厢，乘客只能站着或者坐到吸烟包厢去进餐。

1864年，美国人乔治·普尔曼（George M.Pullman）研制出铁路卧铺车厢，让乘坐环境进一步得到改善。这种车厢内饰豪华，有舒适的卧铺、绒布沙发、枝形吊灯等，冬天有管道暖气，夏天有为车厢降温的办法，甚至还有热水淋浴。

19世纪后期，蒸汽机车得到了广泛应用，但这种机车的缺陷也日益显露出来。比如，每行驶80到100公里就必须加水，不然锅炉就无法继续工作；行驶200到300公里就要加煤，这导致蒸汽机车所运送的煤里边有相当数量被它自己烧掉。在行驶了5000-7000公里后，锅炉还要清洗才能继续使用，蒸汽机车在行驶中排放的黑烟，不仅给环境带来污染，而且也严重地影响了旅客和铁路工人的健康。

有需求就有改进的动力。新型的电力机车和内燃机车先后应运而生，跃上了世界铁路运输史的舞台。1879年5月，德国西门子公司制造出一台小型电力机车，采用150伏直流发电机供电，由带电铁轨输送电流，3节车厢能够承运18人，运行时速7公里。两年后，西门子公司在柏林郊外建成了世界上第一条有轨电车线路，总长24公里。1895年，在美国巴尔的摩—俄亥俄铁路，为了改进隧道通风的问题，一段5.6公里长的隧道区段修建成了直流电气化铁路。

在1901年，德国西门子-哈尔斯克电机公司制造的电力机车在柏林附近的曼菲尔德—措森线上创造了时速162公里的世界纪录。1903年10月28日，西门子公司研制的三相交流电力机车组在同一线路上破纪录地达到时速210公里。这个速度即使是以现在的眼光看也是很快的。电力机车因其行驶速度快、爬坡能力强、牵引力大且不污染环境等种种优势受到了世界各国的青睐，因而得到了快速发展。

1914 年，第一次世界大战爆发，火车机车的发展一度停滞。战后随着欧美经济逐步恢复，铁道运输业进入新的发展期，各种商业竞争此起彼伏。在客运领域，电力机车进入高速蜕变期。为了解决经济和人口增长带来的运能压力，欧美各国陆续展开铁路电气化改造，开始普遍采用系统相对简单的直流供电系统为电力机车提供能量。1932 年，匈牙利首先成功地在电气化铁道上采用单相交流电。为了克服轮轨摩擦阻力，德国工程师赫尔曼·肯佩尔（Hermann Kemper）还在 1922 年创造性地提出了电磁悬浮原理，并于1934 年申请了磁悬浮列车的专利。但直到 20 世纪 70 年代后，随着科技的进步，磁悬浮列车才被正式列入了发展范围。

20 世纪 20 年代末，德国人首先尝试解决高速铁路的问题。1929 年，德国飞机工程师弗兰茨·克鲁肯伯格（Franz Kruckenberg）设计出一种采用螺旋桨推进的新型列车，由德意志帝国铁路公司制成首列样车。该车长 25.85 米，自重 20.3 吨，采用流线型飞机外形，圆锥形车头，铝合金轻量化车身，可以乘载40 名乘客。我们不妨在脑海中设想一下，这个形象和今天的高铁机车头有很高的重合度。该车由于与当时享誉世界的“齐柏林飞艇”比较相似，因此被称为“铁路齐柏林”号（Rail Zeppelin）。1931 年 5 月 10 日，“铁路齐柏林”号进行了首次试验行驶，时速达到 200 公里。6 月 21 日，它又创造出时速 230.2 公里的世界火车速度新纪录。直至 1955 年，这个纪录才被打破。“铁路齐柏林”号在德国公开展出时引起轰动，但是其自身存在的诸多不可克服的缺陷，最终影响了它的商业化推广。

意大利人也曾经投入很高的热情修建铁路。1934 年，当时的墨索里尼政府提出要修建一条贯通全国的电气化铁路，全程七百余公里，将米兰、博洛尼亚、佛罗伦萨、罗马、那不勒斯等主要城市连接起来。意大利人希望这条铁路能成为其尖端工业的象征。为此，意大利军工巨头埃内斯托·布雷达公司（Breda CF）开始与都灵理工大学合作，研制新型的 ETR200 型电力机车。1936 年，布雷达公司试制出首辆样车。1937 年，新型列车投入博洛尼亚—那不勒斯段运行。这是当时欧洲最豪华舒适、速度最快的列车，只配备头等舱，装备有自动调温器、全景天窗和躺椅，其改进型号 ETR212 曾在 1939 年 7 月 20 日创造了时速203 公里的纪录。该车车头在都灵理工大学工程学院的风洞中做过测试，被认为是最早意义上的高速列车。但是，随着第二次世界大战爆发，欧洲人的高铁梦戛然而止。

在对世界铁路发展的历史进行梳理的时候，我将查阅到的有关资料按照自己的理解进行了整合，以图呈献给读者相对完整、简明的世界铁路发展脉络。我隐约觉得，世界铁路的发展史实际上就是世界各国向先进技术要速度的历史。在世界铁路发展史上，我们能感受到人类充满梦想的心从来就没有停止过对更高技术的热盼与追求——要么是出于经济发展和人口快速增长的迫切需要，要么是为了满足战争的需要——这正如人类在大地上摆脱地心引力的束缚去实现飞翔的梦想从来就没有停止过。浏览各个年代形形色色的铁路机车照片时，我总是感叹现代列车（包含高速动车组）的早期影像原来那么质朴。铁路发展的历史给我们很多很多想象。每一段历史都隐藏了很多故事，每一种机车都倾注了很多人积极的探索。在火车制度发展史上，也能清晰地感受到人类文明的脚步，变得越来越优雅，越来越富有品位。这不仅仅是技术的进步促使铁路快速发展，也因为人类文明的进步促进了对技术的反哺。铁路不仅仅满足了人们基本的出行要求，也满足了人们审美和人性化的需要。

铁路是工业的血脉，当这条血脉最初裸露在大地上时，人们更多注意到的是它的使用功能，但随着这条血脉的日渐丰富，过去仅仅作为工业需要的铁路日渐成为民生所求。虽然西方国家曾经一度拆除铁路，但更多的国家感受到了铁路对国家发展和民众生活的重要意义。对于幅员辽阔、人口众多的国家而言，铁路运输更是其不可缺少的最佳交通运输方式。

在人类追求的理想越来越高，在工业化程度越来越强，在世界资源越来越枯竭的当下，世界铁路的发展该步入怎样的发展脉络？随着人类文明程度的提高、工程技术的完善、列车制造技术的日益精湛，世界铁路的发展将会进入更加辉煌的发展时期，未来发展的前景可能会超越我们所有人的想象。我想，到那时，这本书作为人类在一定时期内对火车发展史的一个短暂总结，也许会引发后人对人类不懈追求速度的历程的一段美好回忆吧。

开拓与保守簇拥着中国铁路新生

当我第一次在唐山客车厂，在中国人自己制造的蒸汽机车的仿制品前留影时，我的心头掠过一种穿越历史的沉重感。在“西风东渐”之后，领风气之先的“洋务派”和铁路科学家，顶着来自各方的重重阻力，毅然把这一在大地上奔驰

▲ 1881 年中国制造的第一台蒸汽机车，当时的制造者不知道自己为中国铁路事业作出的巨大贡献，中国铁路由此进入蒸汽时代。

的庞然大物引入中国。与当初更多的人忧心于摄影会把人的魂魄摄走同理，最初火车的引进也遭到大清朝廷内外一大批保守派人士的强烈反对，但人类渴望文明生活的愿望最终战胜了保守的势力，中国有了自己制造的火车。虽然乘坐火车出行，对 19 世纪末期的中国来说只是少数国民才能领略的一种享受，但它毕竟意味着一种西方文明工具在中国的生根、发芽。

我们可以从上面这张图片上看到中国人在第一台蒸汽机车前的形象。两位站在机车上的工人给我们的感觉那样有趣：一位略带懵懂和茫然，另一个罗圈腿的师傅则有着不够坚强的自信。相比之下，车下穿着皮靴的两人则透出一种坚毅的神情。这颇能反映当时中国人对铁路的各色心态。就是时至今日，我们也能在人群中找到这些人的影子，发展所面对的保守与开拓，是意念的两极，驱动着我们去追求不同的结果。在两极的交锋地带，中国铁路坚定地前行。

在这个时期，有一群当朝大员曾乘坐唐山客车厂改造的专用车去巡视唐胥铁路。车辆虽然简陋，但巡视者的威仪与铁路从业者卑微的举止却能相互映衬。

1927 年，唐山客车厂在一大片土地上建立起来，工业化气息浓厚的厂房和乡村田野形成鲜明的对照，在农业经济中沉睡了几千年的中国，终于被现代文明的火车所唤醒。从此，中国客车源源不断在这里被制造出来。

所谓先进的东西，在中国这个封建大国，自然要为尊者最先享用，所以就有了为慈禧太后制造的“銮舆龙车”。在这辆车留下的黑白影像中，我们惊叹于中国工人的创造力。无论是整个车厢的外形设计，还是铭牌的雕刻，都能让我们感受到这辆龙车的尊贵和精致。中国工人在上个世纪初的精美创造让人叹为观止。

唐山客车厂于19世纪90年代制造的双水柜蒸汽机车俨然有点古董艺术品的味道。龙的形象看上去雕刻得简单了些，在它看似有些拙朴的设计上，我们能感受到为了适应技术的需要，机车多少显得有些奇怪，给人的外观感觉更像是手工艺品。对照早期人们对机械使用的原始认识，这台机车显然接纳了最先进的机车理论。中国自古不乏聪明的科学家，但我们一直闭关锁国，没有那些洋务派领袖的努力，这台机车永远不能成为我们今天的观赏品。也许今天的我们会笑话这台蒸汽机车的古老，但在当时，这台机车无疑从众多角度展现了中国人对先进技术的趋同认识，凝聚了中国人的智慧。在世界上不少国家已迈入工业化文明之时，中国人引进外国先进技术的谨小慎微，从这台机车的轮廓上一览无余。一方面我们要遵循西方机车制造的原理，把人家机车已有的东西一齐展示出来；另一方面，我们还不忘我们的民族文化，会在机车上雕出龙的图案。这条龙有点像当时羸弱的中国，徒具龙的形象，但缺少龙的气势。早期的技术引进多少会打上东施效颦的印记，我国对外国铁路技术的引进在不同的时代有不同的表现形式，这或许是最好的注脚。

在唐山客车厂看到在上个世纪60年代建造的蒸汽机车时，我的内心还是多多少少起了一丝涟漪。在中国上个世纪80年代，我是铁路工程队的一名铁路工人，这种“哼哧、哼哧”像放大了的老牛叫声一样的蒸汽机车随处可见，有时打开的车窗里会飘进来蒸汽凝结的水花和粉煤灰的混合物，但你会从它昂然长啸的汽笛声里，感觉到蒸汽机车特有的豪迈和气势！这种蒸汽机车随着时间的推移渐渐式微了，但是许多人仍然热爱它。

这样早期的车皮已经很少见到了，但由它的形状发展而来的货车车厢我们还会从铁路线路上时而看到。铁路给我们的的感觉，一百多年来好像没有太大的改观。我有时会为铁路的这种黑色沉重感到一丝凝重和悲凉，所以看到客货列车颜色稍有变化时，心头也会不由得一动。

在唐山客车厂，上个世纪早期的工厂里，我们能感受到工人们在这样的工作环境里的劳动强度，在黑白颜色的二元单调氛围中，我们感受到那个时候的企业文化的单调，这样的环境中造出的车辆自然可想而知。我曾经在现代化的动车组制造厂房里回想这幅图片，在这两种环境里工人们的思维自然会大不相同，这不仅是时代的变化，更是观念和理念的更新。

唐山早期的工厂虽然没有呈现出一种规模化生产的格局，但是正像羸弱的中国获得新生需要一种力量一样，这个有着列车原始作坊性质的工厂形象还是让我感到亲切。事物总是一步一步发展的，火车也是如此，对中国来说，火车由无到有，由落后到先进，由进口国到出口国，当年的这种点滴的积累不容忽视。

当我在现代化的转向架车间参观，看到中国的列车制造业达到了前所未有的高度时，我还是回想起这样一个镜头，一个工人在火车底架生产的过程中，不断地敲敲打打，靠他的智慧和汗水，让火车平稳地行驶。这位工人也许没有意识到这样做的意义——正是他平凡的敲打让火车底架变得结实耐用，而他这样做，多半是从他的师父那里学来的，这有些像薪火传递。铁路人的技术离不了一代又一代技术工人的艰苦探索和优秀传承。我回想起我在工程队的日子，很多老铁路工人旋转铁路砖头的快捷以及他们对一个工程模架的研究，都会影响我去做更多有益的事情。谁能说，中国高铁的出现和发展，不是得益于铁路人的代代传承？

直到今天，我们的客车生产也没有摆脱传统的模式，工厂化生产仍然是客车车体生产的主要方式。但我们能从现在和过去的对比中感受到，中国高铁的发展也还是有很多不同的方面。如今的车体厂房整洁、大气，工人们的工作远离污染。在长春客车制造厂，工人们享受着人机工程学带来的益处，更多人的劳动强度大大降低了。

而早期的总组装生产现场多少给人一种凝重的感觉。这种凝重带来了人们对自己工作的敬畏，带来了生产劳动的沉重和神秘感。这种铁路大工业的生产方式对一些从土地走进工厂的工人而言，更多意味着一种尊崇和服从，机械地接受和被动地服从着超越创新。

当时的总装厂房充溢着浓重的工业气息，好像一到这里最欢快的人也会沉闷下来，而在今天的中国高铁动车生产车间，我更多看到的是美丽的流线型设计，你会高兴不已，倘若我是诗人，一定会写下很多赞美的诗篇！

在翻砂铸造车间，我们能感受到中国的列车制造业在早期的艰辛。即使在当下现代化的车间里，我们也不能说工人犹如在田园里操作，因为必要的切割和打磨会产生粉尘和污染，只不过现在的技术和防护条件已经大大改善了。任何时候，技术的进步都蕴含着对人本身的尊重，意味着工人劳动强度的降低。

我真想在这个地方留下一个影像，但我想，还是应该更多地留给这块路碑。这是中国铁路的起点，从此中国走向了更加文明的现代社会。铁路以它特有的魅力和能力为中国人带来了幸福和文明，带来了进步和富强。

2013 年金秋时节，我到四方机车厂采访，特意在新旧两辆机车前合影，这两台机车，带给我的感受是何等深切啊！近六十年的变化，让机车的发展实现了质的飞跃。前一台几乎完全靠手工制造的蒸汽机车，它黑糊糊的形象有一点像从

▲ 中国铁路起点，无论何种辉煌的未来，也一样是从一个不起眼的起点开始的。

远古走来的彪形大汉，带着最原始的风味，让我们在领略其气势的同时也感受到它的粗糙和野蛮。我似乎感受到它那呼哧呼哧喘息的声音，那刺耳且激越的汽笛声，那带有煤灰气息的机车在原野上驰骋时的情境。上个世纪80年代，作为一名铁路工人，我最惬意的时光是坐在蒸汽机车牵引的绿皮车厢里，从一个城市到另一个城市，然后从一个工地到另一个工地。时光在迁延中失去诱惑，而我们的青春也在与铁路的交往中日渐远去。我曾经在这种机车车头上感受铁路主人的快乐。在铁路通勤工作的间隙，我会和我的工友们一起嬉笑怒骂，偶尔到蒸汽机车上感受一下这铁牛的神奇。有几个一同在工程队工作的工友后来去机务段开火车了，他们在蒸汽机车上神气地向在工地上劳作的我们挥舞他们的帽子，那种奇妙的感觉对我有一种强大的吸引力。我对蒸汽机车司机充满了向往，他们好像整天拉着快乐与幸福，载着成熟和希望。后来工友们拉我一起乘坐蒸汽机车车头，从一个火车站到另一个火车站，我才知道这份工作并非像我曾渴望的那样。它宽大的炉膛十分能吃，司炉不停地挥舞着铁铲加煤，在夏天这绝对不是一个好活儿，火的炙烤让每一个司炉都有一种不适的感觉；倘若在冬天，蒸汽飘散在空中，伴着灰尘，落满司机一身，一面是炽热的熏烤，一面是刺骨的寒风，那滋味要多难受有多难受。很多司机师傅老年都会患上风湿病。我后来就不喜欢乘坐这种蒸汽机车车头了，有时坐在绿皮车厢里，看着谈笑风生的旅客，不禁就会为我的司炉和司机兄弟担心，担心他们受不了蒸汽炉前夏天的火炙和冬天的风吹。直到如今，我对这些司机兄弟仍然钦佩有加，他们能年复一年地做着这份看似风光实则劳累的工作，我为他们感到骄傲。当我在四方机车车辆厂，看到产于1953年的机车，就像忽然看到了一个老朋友——《汽笛》副刊。这是铁路人自己的报纸——《人民铁道》上历史悠久的副刊，曾经培养了一代又一代的写作者，这汽笛的声音是来自于传统的蒸汽机车的，这是文明的笛声，更是一个时代的见证。我在这个版面上经常有文学作品发表，这些文字记录了我对铁路的热爱。翻看我的剪报本，能从中看到中国铁路几十年的发展历程。正如我自己也在开拓与保守的纠结中前行一样，中国铁路的发展任何时期都不是无忧无虑一路高歌的。即使在铁路人人皆知的“跨越式发展”时期，中国铁路的发展也是在开拓与保守的交错中前进着。一方面，中国铁路的发展要遵循世界铁路发展的规律；另一方面，中国铁路的发展也要探寻自己的道路。铁路对安全的高度要求需要铁路人时时关注自己前行的脚步。在稳健中开拓，在开拓中稳健，不要责怪铁路人不够大胆，对铁路而言，“保守”不是一个贬义词，它更多地展示了铁路自身发展的特点和中国人的文化心理。即便对中国高铁的发展而言，这种“保守”的益处也是显而易见的。中国高铁在传统铁路开拓与创新的交织中，带着中国所特有的韵味悄然登场了。

【第二章】
中国人的高铁梦

一位中国领导人乘坐日本新干线的遐想

1978 年 10 月 26 日，"文革"结束后，邓小平访问日本，乘新干线"光-81"号特快列车赴京都。旁边有人问邓小平，坐这样的列车感觉怎么样？邓小平是不太爱说话的人，他只是简短地回答："走得很快。"这是中国领导人第一次感受高速铁路所发出的感慨。当时他曾经意味深长地说：新干线推着我们跑，我们现在很需要跑。日本作为发展铁路比较晚的国家之一，他们的高速铁路发展是世界上最快的，堪称奋起直追的典型。

日历翻回到 1964 年 10 月 1 日，东海道新干线(东京—新大阪)光 1 号在东京站 9 号站台举行了隆重的通车剪彩仪式。日本国铁总裁石田礼助、东京都知事等贵宾一同出席。早上 6 点整，随着发车铃声响起，第一班车从东京开往大阪，全程 515 公里，平均时速 129 公里，瞬间最高时速曾达到 210 公里。东京至大阪的行进时间由原来的 6 个半小时缩短至 4 个小时。

东海道新干线开通后，日均客流很快突破 6 万人次，短短两年后即实现盈利。到1967年7月，乘客总数已经突破1亿人次，年均客流增长17%。至7年后的1971年，东海道新干线已经收回了当初全部投资。1974年，即新干线开通后的第十年，累计盈利已经达到6600亿日元，相当于建设投资的近两倍。这个当初被舆论指责为劳民伤财的面子工程，竟具备如此强的盈利能力，确实超出了很多人的想象。新干线的开通，产生了一个始料未及的后果，日本高速公路和航空公司由于被新干线抢走了大量的客流，导致东京至名古屋的航班被迫取消了。相似的一幕，在几十年后中国高速铁路开通不久即惊人相似地上演了。

英国虽然是世界铁路发源地，当仁不让地是日本在铁路技术方面的老师，但日本新干线的强劲发展，还是引领着世界铁路工业进入新的历史发展阶段，打破了历史上欧洲国家对铁路技术的垄断。德国是第二次世界大战前世界铁路技术的领头羊。此后世界铁路高速化的领导者则一度是法国。自铁路诞生以来，轮轨式列车的速度世界纪录，几乎被英、法、德三国包揽。

自从火车的发明者斯蒂芬逊创造了最初的行进速度纪录后，在1904年5月，英国的GWR 3700 Class 3440型蒸汽机车达到时速164公里。1938年7月3日，英国的又一辆列车Mallard蒸汽机车，在格兰达—毕业帕拉铁路，创造了时速202.7公里的世界纪录。1939年6月，德国人用DRG SVT 137 155流线型柴油机车，令时速纪录达到215公里。二战后，法国高速电力机车异军突起。1955年3月29日，法国的Jeumont-Schneider BB 9004型电力机车，在波尔多—达克斯铁路，创下时速331公里的世界纪录。而与此同时，日本人也在努力着，两年后，创下了新纪录——小田急SE窄轨电车，最高时速不过145公里而已。直至1962年鸭宫模拟线建成以后，日本铁路才突破了时速200公里大关。这比欧洲人整整晚了60年。然而，在1964年东海道新干线开通后，日本一跃成为全球铁路界关注的焦点，随之出现的各种现象也让世界各国纷纷投入研究。

日本挑起了新一轮的世界铁路速度竞赛。1965年6月，新干线开通后仅8个月，前联邦德国借着在慕尼黑召开国际运输博览会的机会，在欧洲率先开通了最高时速200公里的客运高速列车，采用的是流线型的E03（BR103型）电力机车，用于每天在慕尼黑—奥古斯堡线运送来参观的客人。1967年5月，法国国铁的CC-6500型电力机车，在长约80公里的区间铁路上，实现了最高时速200公里的载客运输。同年，英国启动了APT-E高速列车计划。计划中的高速列车，采用燃气轮机作为动力装置，最高时速达到250公里；该列车采用主动摆式架构，列车过弯时通过油压控制使车体倾斜，以提高过弯速度。同样的装置，日本直至2005年才研制出来。英国的APT-E车体采用了铝合金材料，以实现轻量化，而当时日本新干线的0系列车，使用的还是笨重的碳钢材料。这一时期高速铁路的发展，促进了世界高速铁路技术的整体提升，也为中国高铁的研制提供了各种范本。

上述资料可以清晰地显示出日本和欧洲国家高速铁路的发展脉络，也带给我们很多有益的启示。

日本高铁的发展是在战后很短的时间内形成的。作为一个能源短缺的国家，他们的高铁发展之路也是不平坦的，但这种不平坦始终暗藏着顽强向前推进的科技吸纳力量。日本是一个善于模仿的国家，作为中国一衣带水的邻邦，日本对铁路技术的吸收学习和中国一样起步相对较晚，但在上世纪60年代，日本利用举办奥运会的机会，大大推进了国家的各方面建设，铁路建设也顺势而为，一跃成为世界高

▲ 1965年，法国研制新型列车，车头使用涡喷发动机压缩空气，使车辆悬浮于轨道面行进。

▲ 1966年，美国研制出最高时速达到每小时296公里，世界上第一台喷气式火车头。

▲ 1973年，法国国铁研制的TGV-001试验列车，是世界上第一种平均时速超过200公里的高速列车。

速铁路发展的佼佼者。与此同时，我们的国家虽然也在进行铁路建设，但修建的多是普通铁路，我们的大同机车厂仍然生产着别的国家已经淘汰的蒸汽机车，中国铁路建设发展的缓慢可见一斑。随后的“文革”中，中国铁路的发展更是受到了巨大的影响。因此，当中国领导人在改革开放初期乘坐日本新干线时发生的由衷地赞美中，也饱含着对建议中国自己的高速铁路的期待和希望。日本民族对外国铁路技术的快速掌握值得我们学习，而西方国家在高速铁路探索史上正反两方面的经验，也为中国高速铁路的发展提供了可资借鉴的经验和教训。改革开放以后，中国铁路建设由计划经济体制逐渐过渡到市场经济体制，虽然铁路的大一统及半军事化性质没有根本性的改变，但中国铁路已渐渐苏醒。注重内部的挖潜和减员增效，进而还通过提速改造和铁路的整体规划，中国铁路开始进入改革的深水区，跃上跨越式发展的新高度。

作为一位铁路人，我参与了中国铁路早期渐进式发展过程，也感受到了中国铁路在新世纪初期的跨越式发展，看到在此期间所爆发出的中国人的技术创新能力，丝毫不亚于世界上其他国家。在中国领导人乘坐日本的新干线列车发出前所未有的感慨后，中国铁路建设者感受到了来自各方面的期待，他们信心十足，对中国铁路的发展又明确了新的目标。事实证明，经过几代中国铁路建设者前仆后继的努力，中国铁路具备了腾飞的基础和实力。从中国领导人对邻国高铁的赞叹，到2008年中国高铁第一次正式开通运营，经历了三十年。三十年里，多少中国人梦中期盼着中国高铁的诞生，又有多少人为突破中国铁路发展的瓶颈而暗自努力。三十年默默地探索，三十年苦苦地期待，中国人的高铁之梦一直没有停止过！而今，当中国人乘坐自己的高铁，狂喜于那飞驰如电的感受之时，回想起这位中国老人，我们仍为他当年就已预见到的高铁对中国的改变而感慨万千。

汇聚民众焦灼与期盼的尤物

中国人多从哪里能感觉到？一是在大中型城市的交通要道上，再就是春节时大大小小的火车站台上。我从上个世纪80年代初进入铁路系统工作，每年春运前夕，最怕的就是坐车和帮人买票。这种一票难求的情况，一直持续到今天仍在。我清楚地记得挤车的滋味，虽然作为铁路人，曾经享受过铁路通勤票的待遇，用不着提前到车站买票，但每到春节前后，把自己像活塞一样硬塞入列车车厢的情景依然历历在目。一直到 2013 年春运，网络上各种关于买火车票的调侃段子和视频还能博得中国旅客会心又无奈地一笑。

回想那时在列车上所感受到的拥挤滋味，真是百感交集，但为了抵达目的地，好像旅途中的这一切都可以被忽视。因忍受不了在列车上长时间的拥挤而精神失常的旅客每年都有，甚至跑车的铁路职工被憋尿裤子的事情也不罕见。在中国南来北往的铁路线上，火车这个文明的使者，带给我们的应该是自由、舒适和无尽的美景，但长期以来，中国春运的火车带给旅客的却往往是紧张、肮脏和被束缚的感觉。即使作为能不买票就可以自由旅行的铁路人，也同样会头疼春节期间的乘火车出行，更何况需要四处求人买票的普通旅客！长夜排队已经让许多旅客形成条件反射般的恐惧，列车上因人多不能及时清理卫生而散发出的刺鼻的味道，更是让人难以忍受。每到春运，在中国列车上，最辛苦的就是那些乘务人员了，他们年复一年日复一日地重复着十分繁重的工作，我时常为他们每天在拥挤的工作环境中生存的能力而惊讶，他们为中国的春运作出的贡献和牺牲令人敬仰！中国铁路的这种现状呼唤着中国铁路尽快增大运量，彻底解决拥挤的老大难问题。

然而，中国这样一个发展中国家，人口基数庞大，要在短期内形成庞大的铁路网络谈何容易！客货混运的特点使得中国铁路长期无法单纯提升速度。在上个世纪八九十年代，我的一些在外打工的乡亲，因为买票困难，偷爬火车回家的不在少数，因爬车而酿成惨祸的也不仅一二例。一方面是巨大的乘坐需求，另一方面是中国铁路有限的承载能力，无数旅客为自己的出行绞尽脑汁，官方和民众似乎年年都在为中国铁路着急。每到春节，我都会听到很多亲朋好友的叹息，他们为了一张回家的票而求亲告友，当他们怀着最后一线希望找到我这个铁路人时，面对他们的央求，我总是一脸无奈和彷徨，有时心里暗暗地为中国铁路哭泣。即便我年年想方设法，也十有八九不能给他们联系买到普普通通的一张火车票，铁路运能的紧张让铁路自身不得不严格规范内部购票纪律，铁路紧张的运能的确不能实现众人皆能按时回家的愿望。在那时，作为铁路人，我感到有一种说不出的懊丧和屈辱。我期望铁路能拥有更多满足旅客需要的客车，让中国的老百姓每人都有座位可坐。而对众多中国旅客而言，他们中的很多人只是渴望买到一张能准时回家的票，只是希望不要在旅途中拖延太长的时间。那时，似乎大多数中国旅客的要求都不是很高，只要能坐火车按时回家，即使没有座位，他们也能忍受各种不便，千辛万苦地奔向目的地。

为什么会出现一票难求的春运现象？主要是中国的铁路运力严重不足。春运年年如此，其主要原因是铁路运输能力与市场需求之间存在巨大缺口。铁路年年修，车次年年增，即便如此，每年春运依然一票难求。在春运旅客人数年年刷出新高的背后，是铁路建设严重滞后于经济发展的现状。改革开放30年来，我国GDP年均增长9.6%，铁路年均增长仅1.4%。铁路年均增长在低位徘徊，旅客人次却在暴增。据铁道部公开资料显示，2001年全国春运共运送旅客16.6亿人次，2005年达到19亿人次，2010年突破22亿人次。2012年全国铁路旅客周转量发送量完成18.93亿人，同比增长4.8%。我国春运旅客运输量呈现出直线上升的趋势。我国13亿人口，人均铁路拥有量不到6厘米，其长度仅相当于一根香烟。客流如此庞大，但铁路人均里程数在世界上排名100名之后，少得可怜。此外，铁路主要干线长期处于过饱和状态，京沪、京广、哈大、京沈和陇海五大干线的运输密度已接近1亿吨/公里。在实际运行中，客货混跑、技术标准低，各种尖锐的矛盾都加剧了春运中各种尴尬与无奈的现象的产生。

随着中国改革开放步伐的加快，到城市工作的人们开始有了自己的代步工具，有相当一部分人春节时选择自驾车返乡。这对短途的旅客倒还可行，对长途的旅客而言，选择自驾车回家则意味着承担更多的安全风险和经济负担，以及旅途劳累之苦。在进行了各种交通方式的对比后，火车仍然是众多中国旅客出行的最佳选择。据报道，近几次春运期间，有些乘客实在无法购置火车票，“千里走单骑”、摩托车队返乡等方式都屡见不鲜，广州甚至出现了40万人骑摩托车回家的火爆场面，这成了中国特别耐人寻味的新闻事件。

更多的旅客开始期盼中国铁路尽早改变这种运能紧张的现状，期待着中国铁路能快点摆脱一票难求的窘境。人们希望中国铁路早日带来飞速抵达的快感，人们期望在列车上享受窗明几净的舒适感和优质的服务。而这些朴素而美好的向往与追求，在改革开放三十多年后的铁道线上，虽然有所改善，但总的效果仍不是很理想。问题汇聚到铁路部门管理者那里，促使他们提振完善中国铁路网的强大信心：铁路必须提速，而且要达到高速度，才能满足广大旅客的要求。也许就是在旅客和铁路管理者的默契呼应中，中国高速铁路的未来才在冥冥中被一点点地描绘出来。人们期盼高速铁路给国民带来飞驰的希望。中国高铁在国民的焦灼和期盼中成为一种美好的向往。

铁路建设者的连环梦想

每当我们出行时,我们的出发地和目的地其实是一个个铁路客运站,车站与运送我们到目的地的火车,形成了我们对铁路的整体印象。但就客货运输能力的形成而言,铁路是一部大联动机;广义上的铁路建设者不仅仅是生产机车和车辆的工作人员,还包括铁路线下工程的建设者和设计人员以及监理人员。

兵马未动,粮草先行。早期中国铁路的投资对于一个庞大的国家来说是微乎其微的,中国铁路的人均占有量和世界上的其他国家相比远远落于人后。新中国成立后我国也进行了一系列的铁路建设,但到改革开放前,最值得称道的也就仅仅是成昆铁路建设。成昆铁路起于四川省成都市,止于云南省昆明市,全长 1096 公里,原为国防三线建设的重点工程,1958 年 7 月动工,后停建,1964 年 8 月复工,“文革”开始后又一度停工,这样反反复复几次后,终于在 1970 年 7 月 1 日正式投入运行,成为中国铁路主要干线之一。成昆铁路穿越地质大断裂带,设计难度之大和工程之艰巨,均属前所未有。沿线山势陡峭,深涧密布,沟壑纵横,地形和地质条件极为复杂,素有“地质博物馆”之称。而成昆铁路的修建,为人类在复杂山区建设高标准铁路创造了成功范例,也积累了宝贵的经验,堪称世界铁路史上的奇迹。这条铁路的修建,体现了中国人的艰苦奋斗精神和在复杂地质条件下的进行铁路施工的能力。

曾经建设了南京长江大桥的中国中铁大桥局,由其建造的长江大桥与“两弹一星”曾并列荣获中国首届科学技术进步特等奖,并作为走“独立自主,自力更生”道路的光辉典范记入新中国的史册。而中国首座 300 公里时速、六线铁路特大桥——京沪高速铁路南京大胜关大桥,也是中国中铁大桥局所建,它成为京沪全线的样板工程。南京大胜关长江大桥成为又一座新中国桥梁史上的里程碑,是一座具有历史意义的大桥。

南京大胜关高速铁路特大桥工程建设规模宏大,技术含量高,施工难度大,堪称世界一流桥梁工程。它是京沪高速铁路的控制性工程,也是沪汉蓉铁路及南京枢纽的重要组成部分,同时搭载南京市双线地铁,为国内外史无前例

▲ 如此雄伟的南京大胜关大桥，在建设中给施工者们提出了无数的技术难题，他们以前所未有的热情和勇气让这座桥梁顺利建成，创造了多个铁路桥梁建设史上的第一。

的六线铁路特大桥。大桥全长 9 公里，按高速双线设计，主桥及合建段引桥长3 公里。主桥钢梁采用三片主桁承重结构，其中两主跨钢桁拱圈矢高 84.2 米，跨距各为 336 米，为世界同类桥梁之最。它的设计时速高达 300 公里，居于高速铁路大跨度桥梁世界领先水平。它的设计荷载为六线轨道交通，墩上支座的承重量高达一万七千多吨，是目前世界上设计荷载最大的高速铁路桥梁。它的主桥重载杆件采用高强度、高韧性与良好焊接性能的新型钢材。主桥首次采用三片主桁连续钢桁拱桥、正交异型板与主桁下弦结合、道砟槽板与整体钢桥面板结合等新型结构。大桥建设者进行了多个专题项目的科学试验研究：高强度结构钢应用试验研究，道砟整体桥面结构分析与研究，长大跨度桥梁钢轨伸缩调节器与梁端伸缩装置设计及试验研究等。大桥建设者还克服了一系列的施工难题：我国最大的主墩深水基础双壁钢吊箱围堰整体制造、下河、浮运施工的难题，钢围堰在水深流急、涨落潮差中精确定位的施工难题，水上大型浮吊安装主桥墩顶钢梁时精度要求高、对位难度大的难题，主桥六跨连续钢桁拱具有施工跨度大、悬臂长、合龙口多、杆件吊重大、安装精度高等难题。

面对这些施工中的难题，大桥局研制和调集了一批新型施工设备：400吨全回转浮吊用于墩顶节间钢梁架设，30吨/米的大扭矩动力头钻机用于大直径钻孔桩施工，70吨变坡爬行吊机和三层吊索塔架用于钢桁拱架设，900吨架桥机用于简支箱梁整孔架设，APE400B型液压振动打桩锤用于钢护筒施工，200吨的大型浮吊“海虹”号、最大的水上混凝土工厂“海龙”号也被调到南京大胜关大桥工地。我在京沪高铁公司筹备组工作的时候，这座大桥先期就已经开工了，中国中铁大桥局的兄弟们，在这座桥涵施工中，创新了很多施工技术。在南京大胜关长江大桥多个主墩基础施工中，双壁钢围堰无导向船浮运、定位新技术形成了成熟的技术。在超长、超宽的钢围堰设计上，采用最新技术使之具有自浮性和平台的功能。为了加快施工进度，采用了底节整体制造，气囊法下水；在底节上设钻孔平台，先钻孔渡洪，后接高围堰的新工艺。在大直径、超长的钻孔桩施工中，制定了严密的工艺和操作细则，攻克了大、深钻孔桩在复杂地质条件下的施工难关。依靠自己的队伍，独立解决了大型桥梁水上施工测量的复杂问题。项目部主动与海事、航道、河道、水利堤防、渔业、地方政府等单位和部门联系，采取了许多非常规的办法，如把进场道路建设与长江大堤防洪加固和美化结合起来，把永久征地与临时征地结合起来，把临时码头建设与地方政府发展经济规划结合起来等，在不到4个月的时间内完成了生活、生产临时设施建设，各类物资机械设备按时到位，创造了满足施工生产的环境和条件。在第一个枯水期的春节前后，二、四公司分项目部在两岸每天用掉电焊条计重4吨多，氧气和乙炔几百瓶，油十几吨。在一个月里，工地两岸有数万多吨钢结构下到了江里。截止到2007年4月21日，全桥水中钻孔桩全部完成，钻孔桩质量合格率达到100%，优良率达到100%。这一过程说来容易，实施起来就往往会发生许许多多具体的问题，而最棘手的问题，往往就藏在这些具体的工作中，需要有丰富经验的建设者对其进行施工。

南京大胜关长江大桥的施工留下了很多传奇故事，大桥局二公司大胜关项目经理王建华就是这类故事的主角之一。大胜关长江大桥正桥钢梁架设是从南北两岸同时出发，到江中实现大合龙。把重达数万吨的钢梁一根一根拼装起来，并在江心实现零误差合龙，这谈何容易？王建华是个有心人，他一直思索着如何把钢梁施工工艺按标准化要求让每一位施工人员全面掌握。为此，他辗转反侧了多日，通过艰苦摸索，终于总结出了一套比较完整的架梁经验。受《三字经》启发，他发动大家你一句、我一句地编成了钢梁架设《三字经》："梁杆件，标重量，明重心，应确认，起吊前，吊装图，验吊具，垫胶皮，先签证，再吊装，设专人，信号明，起吊时，有缆绳，吊物下，禁站人……"配上现场施工图片，人手一本，成为操作者手中的"秘密武器"。原来 9 天架一个节间，后来创造出 4 天半架一个节间的最快纪录。

高铁建设者虽面临各种艰难险阻，但在实现高铁梦想的路上，他们从来没有停止过脚步。高铁的整个系统和每个分系统无不体现着中国高铁人的连环梦想，他们靠稳健与苦干、思索与创新，谱写了不朽的英雄赞歌！

高速铁路对中国铁路技术的影响和早期高铁技术的储备

世界铁路的发展促进了中国铁路的发展，而高速铁路从诞生那一刻起，也不时地刺激着中国人的神经。世界高铁诞生后，无数中国技术人员为中国铁路的腾飞之梦绞尽脑汁，几代铁路人进行了各种尝试和探索。改革开放以后，铁道部就曾数次派人去高铁技术成熟的国家考察，收集了各国的高速铁路从线路建设到动车制造等各个专业的技术资料，并结合中国的国情进行了前期试验。

就线路建设，中国铁路部门通过对几家外国高速铁路进行比对，认真分析了各个国家高速铁路建设的优劣，选择了轨道作为中国新型高速铁路的运行线路基础；为保证线路的稳定性，更多以桥梁代替路基；同时还考虑到了对中国既有铁路的兼容性，在线路设计时也需要进行综合考量。

对高铁运行方式，是选择磁悬浮还是轮轨技术，专家们进行了多次探讨和论证，分别修建了磁悬浮和轮轨技术的试验段进行运营试验，基于中国国情，最终选择了轮轨技术。

在京沪高铁公司的技术总结里有这样一段话，清晰地介绍了中国高铁的发展如何成为一种必然：

世界高速铁路经过四十多年的发展，不断吸纳材料、冶金、机械、加工、信息等现代高新技术运用于铁路，技术不断提高、完善与成熟，使铁路这个曾被许多国家认为是夕阳产业的现代工业重新焕发了青春。按照最新世界高速铁路的统计，目前已有十一个国家和地区共一万多公里高速铁路投入运营；世界各国正在建设的高速铁路达一万公里以上，规划的高速铁路有两万多公里。

我国铁路的现代化进程，在建设广深准高速铁路、秦沈客运专线、实施全路六次大面积提速的同时，开展了大量技术准备工作。十多年来，在科研方面，完成相关科研课题四百余项，在科研成果基础上，制定了二十余项勘察、设计、施工、运营管理的规定、规范；组织了国内外专家进行技术咨询。在技术交流方面，先后组织五十多次国外专家来华进行技术交流，派出多个团、组赴日、德、法、西、韩等国和我国台湾等地区进行技术考察或研讨，培养了数以千计的青年科技和管理人才。在工程实践方面，选择秦沈客运专线 66.8 公里作为高速试验段，进行国产时速 200 公里以上动车组从低速到时速 300 公里逐级提速的 24 项综合性试验。在装备制造开发方面，进行了高速列车选型研究。在列车控制技术方面，成功完成了从 CTCS-0 至 CTCS-3 级系统的研制。2008 年 3 月在京津城际铁路上，成功实现了最高运行时速 350 公里。利用先进成熟技术建设京沪高速铁路不仅是可行的，而且将提升铁路现代化整体水平，从整体上提高我国交通运输的产业素质，促进我国铁路运输技术与装备制造跨越新水平；并带动我国机械、信息、加工、冶金、材料等相关产业的发展，推动传统产业技术升级，提高自主创新能力。

看过以上这些文字，我们可以感受到，中国铁路人从来没有停止对高铁技术的追求和探索。

文中提到的秦沈客运专线，于 1999 年 8 月 16 日全面开工建设，总投资约 150 亿元人民币，2003 年 10 月 12 日正式开通运营。秦沈客运专线是当时中国技术最先进的铁路，全线设计时速达到 200 公里或以上，并预留 250 公里/小时的提速条件。其中山海关站至锦州南站一段长约 166 公里的路程，限速 200 公里/小时，锦州南站至沈阳北站一段长约 225 公里的路程，限速 160 公里/小时，而山海关站至绥中北站之间的区间线路条件更有能力进行 300 公里/小时的试验。

秦沈客运专线在牵引技术上采用了中国自主开发的“弓网受流技术模拟软

▲ 2002年11月27日，图中的“中华之星”(DJJ2)在秦沈铁路，创造了时速321.5公里的中国铁路最高纪录，是中国自行研制高速列车的一次重要尝试。

件”仿真计算，全面使用额定张力放线车，使接触网铺设基本实现一次到位，在高速列车运行下，弓网受流质量良好。自行研制的牵引变电所安全监控及综合自动化系统，实现了牵引变电所的无人值守、运动控制和自检自诊断功能，提高了牵引供电的安全性、抗干扰性和可靠性。在通信技术上，系统由基础网、业务网和支撑网构成，是一个集有线及无线通信为一体的信息采集、传输与处理的综合通信系统，在技术上具备先进性、兼容性、高可靠性和可扩展性。专线首次采用了数字集群技术及光纤射频直放技术以解决区间公务通信，替代了传统通信设计中采用的干线电缆、区间通话柱及区间电话转接机的区间公务通信模式。首次实现全程联网信息共享、全程集中图像监控、全程集中广播等功能，极大地改善了客运管理与服务水平和旅行环境。在信号技术上采用数字信息技术、网络技术、现代通信技术、遥控和遥信等先进技术，形成以车站信号计算机局域网为基础、以专用通道构成的计算机专用广域网为骨架、以调度所和综合维修基地信号计算机局域网为龙头的信息和资源广泛共享的综合信号系统，达到远程集中控制、集中指挥、集中管理和维修的目的。

在积极学习世界各国高速铁路建设经验的基础上，中国铁路人开始在中国大地上一步步实现着自己的高铁梦。2003 年 2 月 25 日，遂渝铁路中国高铁的先期试验段开工建设。这条于 2005 年 4 月 23 日全线贯通的线路，于 2006 年 1 月 15 日投入试运行，开通了货运列车。2006 年 5 月 1 日，随着 N880 次首趟成渝城际快速列车驶上遂渝高速铁路，并安全抵达重庆站，遂渝铁路正式宣布开通客运业务。遂渝铁路二线起于四川省遂宁市，止于重庆市，全长 131 公里，设计时速 200 公里，最高时速可达 260 公里。在遂宁接入达成铁路后，该线路与既有遂渝铁路将基本等高并行，成为沪、宁、汉、渝、蓉快速铁路的一部分。遂(宁)渝(重庆)铁路还建设了综合试验段，全长 17 公里，这是中国国内首次在长区段土质路基上铺设，它的经验为中国铁路大面积铺设轨板和进行综合试验赢得了时间。相比国外先进技术，该项技术具有成本低、适合中国国情的优势，对树立自主知识产权品牌、探索高速铁路新型轨道结构建造技术具有重要价值，对促进中国铁路向少维修、免维修方向发展提供了最可靠的实践数据。

其实探索还远远不止这些。如果说在土木工程方面的创新相对缓慢一些，那在牵引机车和动车组的选择方面则是日新月异。原铁道部科技研究院、铁路院校和各个铁路局以及中国南车、北车和中国中铁、中国铁建等单位组成联合攻关小组，对高铁发展之路上的拦路虎进行各个击破。技术小组在摸索中前进，在实践中提高，在借鉴中升华，走过了一条坎坷的道路。翻开《人民铁道》近十几年的报纸，几乎每一个版面都曾有对高铁人的报道。铁路人何止是十年磨一剑啊！在这些可爱的人们中间，有的数十年如一日，跟踪、考察、总结国外高速铁路技术发展进程；有的扎根一线，年复一年进行着枯燥而乏味的试验；有的为了一项从未涉猎过的设计方案绞尽脑汁。中国高铁之梦从一开始就蕴含了无数中国人的人生历程，更多的人为了高铁甘愿牺牲自己的一切。我在现场采访，更多时候感受到的是铁路人的平凡和伟大，很多人都自觉地以团队为荣。在中国南车和北车车间，当人们回想起为动车组建设而拼搏的日子，回忆起外国专家在我们的技术人员向他们求教时不屑一顾的神情，他们绝不会忘记在那段艰难的日子里，通宵达旦地摸索，为解决一个又一个难题激烈争论的情形。中国的铁路建设者们，是最值得尊敬的群体，我时常会被现场一些细节所震撼。在这些可敬的人中间，有忍住失去亲人的悲痛而坚守在设计一线的技术骨干，有为提速成功而累倒在线路上的普通线路工，有在原铁道部大院里每天只睡四五个小时的主要领导者，有为动车模拟开行有可能遇到的电力问题而思考对策的普通电工，也有在隧道里长年施工落下一身疾病仍不愿下火线的员工，更有义正词严靠响当当自我研发的产品回应日本专家的弱女子。在今天梳理中国高速铁路的发展脉络时，我感到心底时常涌上很多感动。他们每个人对我的感动似乎都很微小，但无数的感动集聚起来，就让我们看到了这支队伍宏大的力量。在这支伟大的队伍中，无论是集体还是个人，都有许多值得我们书写的东西。无数铁路人的努力构成了一个系统或者整体，一代代铁路人的传承形成了坚韧不拔、不断创新的铁路文化。中国高铁的发展得益于这些个体的顽强，得益于每个参与建设的人的不断努力，得益于无数铁路攻关团队的齐心协力。在无数中国铁路人向着高铁目标奋进的时候，也是铁路最艰难的时刻。铁路工人的收入和生活、工作环境与国内许多企业比起来，还是相对艰难的，但这些铁路工人一旦走上了工作岗位，似乎就再没有人在乎这些个人得失，在铁路这部大联动机上，每个人都在默默地工作。他们把自己的工作融入集体的荣誉之中，生怕因为自己拖了团队的后腿。当我听说一个怀孕的女工因看到动车装配车间人手少、忙不过来而央求工会主席让自己留在车间布线时，我内心深处最柔软的部位被击中，那一刻我哑然失语。回想自己在高铁的日日夜夜，无数身边的铁路兄弟不正是这样勇于自我牺牲地走过来的吗？今天，似乎没有人会再提起这些细节，但每当乘坐高铁，坐在舒适优雅的座位上，看到高大敞亮的车站和平整的站台、舒展的线路时，那些可爱的铁路人的形象都会再次浮现在我眼前，让我的内心温暖许久许久。

六次提速孕育高铁飞翔的平台

铁路的提速是一个让民众逐渐适应、接受的过程。第一次提速时，有很多人在担心我们的铁路是否能经受得起提速带来的各种问题。让我们先回顾一下中国铁路的提速历史。

第一次提速：1997 年 4 月 1 日，这次提速主要在京广、京沪、京哈三大干线进行。允许时速超过 120 公里的线路延长为 1398 公里，时速超过 140 公里的线路延长为588公里,时速超过160公里的线路延长为752公里。

第二次提速:1998年10月1日，提速范围重点仍是上次提速的三大干线。允许时速超过120公里的线路延长为6449公里，时速超过140公里的线路延长为3522公里,时速超过160公里的线路延长为1104公里。

第三次提速:2000年10月21日,提速范围主要是陇海、兰新、京九和浙赣线。允许时速超过120公里的线路延长为9581公里,时速超过140公里的线路延长为6458公里,时速超过160公里的线路延长为1104公里。

第四次提速:2001年10月21日,提速范围主要是京九线、武昌—成都(汉丹、襄渝、达成)、京广线南段、浙赣线和哈大线。允许时速超过120公里的线路延长为13166公里,时速超过140公里的线路延长为9779公里,时速超过160公里的线路延长为1104公里。

第五次提速:2004年4月18日,几大干线线路达到基础时速200公里的要求，提速网络总里程16500公里，其中时速160公里及以上提速线路7700公里;全国铁路旅客列车平均旅行速度达到时速65.7公里,比2001年运行图提高4.3公里,其中直达特快列车时速119.2公里,特快列车时速92.8公里。主要城市间客车运行速度进一步提高,旅行时间大幅度压缩。

第六次提速:2007年4月18日,时速达到200公里以上,其中京哈、京沪、京广、胶济等提速干线部分区段可达到时速250公里。在第六次大面积提速的准备过程中,铁路部门对提速干线的线桥涵隧、通信信号、牵引供电、调度指挥等行车设备进行了大面积更新改造和技术创新,在八个方面取得技术创新成果26项。中国人已掌握时速200公里以上动车组核心九大技术。

这六次提速,每一次都是对铁路深刻的洗礼。我清楚记得,在提速改造过程中,我最初还只是济南铁路局的一名普通工程技术人员。在不到两年的时间里,主要干线上的过人平交道口都改成了立交桥。在平交道口改成立交桥的过程中,最多的时候,我所在的项目部曾有过同时承担六座立交桥施工任务的经历。在几条线路上奔波,很多的时候,我们只能在奔波的汽车上眯一觉。一次又一次提速,好像上天在一次又一次地试炼着铁路工人队伍。我清楚记得有几个项目负责人,连续两三年春节都是在工地上度过的。这六次提速,为中国高铁的硬件建设提供了更多的基础性设施和技术性储备，锻炼了铁路技术人员和产业工人,也使得中国高铁呼之欲出。

难忘六次提速，难忘六次洗礼。每一个铁路工程人员都经历了一次又一次难忘的锻炼。在中国最能体现脊梁价值的，我认为当数铁路工人。每一个在铁路工作过的人都知道，铁路意味着半军事化的管理，而六次提速就是在严格管理的基础上对铁路工人的六次锤炼。在六次提速过程中，在铁路工人身上发生了无数可歌可泣的故事。我清晰地记得，那位在工地奔波的技术人员因连日劳累在工地上晕倒了，也清楚记得铁路工人的家人跑到工地上探望久久不回家的亲人。在中国南车、北车集团采访时，好多技术人员回忆起在提速期间，为了攻克一个个技术难题，有时连续几天每天只能睡一两个小时的觉。其中的艰辛与巨大付出，只有铁路人自己心知肚明。前铁道领导曾提出要牺牲两代铁路人自身的利益，换取中国铁路未来的发展。虽然这话对铁路人有些不近人情，但在今天看到中国高速铁路的巨大发展时，我们对那些默默奉献的铁路建设者不禁充满了无限的敬仰。在六次提速期间，所有铁路人的付出和贡献，为那些希求出行更便利舒适的旅人的高铁梦的实现，无疑奠定了最坚实的基础。

有一个神话传遍世界
——中国高铁诞生记

京津城际铁路是中国的第一条高速铁路。

2002 年 2 月，“京津经济一体化战略研究与建议”课题讨论会召开，南开大学教授刘秉镰首次提出在北京和天津之间建设高速铁路的构想。他认为在京津经济一体化过程中，交通一体化是一个重要表现，高速铁路可将两市的路程时间缩短到半小时。2003 年 6 月起，铁道部和京津两市政府开始进行磋商。2004 年 1 月，国务院常务会议通过了《中长期铁路网规划》，京津城际铁路被列入其中。2004 年 10 月，当时的铁道部与北京市、天津市政府联合确定了线路规划。2004 年 12 月 3 日，《京津城际轨道交通项目可行性研究报告》经国务院总理办公会议讨论通过，京津城际铁路正式立项。2005 年 3 月 3 日，“京津城际轨道交通系统建设领导小组”会议召开，会议确定了铁路建设的融资方式。历经几年建设，京津城际铁路于 2008 年 8 月 1 日正式通车运营。当日开通京津城际列车 47 对，部分车次停靠武清站。2008 年 12 月，铁道部推出针对京津城际铁路的冻害、大风、暴雪等预案措施，要求全天 24 小时对线路风速进行监控，并安装道岔加热融雪器。到 2009 年 8 月 1 日，京津城际铁路开通运营一周年时京津城际高速

▲ 这个像大螃蟹一样的建筑是北京南站，它为后来的高铁车站树立了标杆。

列车共发送旅客 1870 万人，列车正点率达 98%，列车平均上座率达到了近70%，同时还接待了 200 多次来自世界各地，包括美国、俄罗斯、日本等国的国家元首、政要、铁路考察团队的访问。

这个看上去有些像大螃蟹的东西，其实就是京津城际铁路的首发站北京南站。

北京南站是北京铁路局直属客运特等站，是中国最大的客运特等站之一。它坐落于北京西城区、东城区及丰台区交界处，作为京津城铁以及京沪高铁的始发站和终到站，东端衔接京津城际轨道交通和北京站，西端衔接京沪高速铁路、北京动车段与京沪、永丰铁路，是集普通铁路、高速铁路、市郊铁路、城市轨道交通与公交、出租等市政交通设施于一体的大型综合交通枢纽站，也是中国第一座高标准现代化的客运专线大型客站，客流量名列世界第三，被誉为“亚洲第一站”。

北京南站容纳了包括京沪高铁、京津高速城际列车在内的 24 条到发线，在功能上大大超过北京站和北京西站。北京南站候车空间可容纳 10500 人同时候

▲ 北京南站候车大厅所确立的标准为后来者效仿，这样的候车大厅是和印象中的候车大厅迥然不同的。

车，实现了地铁、国铁、公交等多种交通方式的无缝连接和零换乘。预计到2015年，北京南站的年运量将超过1.5亿人次，到2020年运量每年将超过1.9亿人次。南站每日有去往天津、塘沽、天津西的城际高铁列车，去往上海虹桥、南京南、杭州、杭州东、宁波东、合肥、福州、济南西、青岛、哈尔滨西、大连北的高铁列车，去往济南西、青岛、徐州东、上海虹桥的动车组列车以及去往上海的卧铺动车组列车。

我和北京南站有过一次非常美丽的接触。2008年奥运会闭幕式结束，我在换乘了两次地铁后，我来到了北京南站，在那里我度过了奥运会结束后的第一个晚上。靠着候车大厅里皮质沙发座椅的椅背，我可以非常轻松地看到大厅里高达屋顶的棕榈树，周围环境整洁静谧，想到这个地方以后我会经常来往，喜悦之情一下子就充溢了我的心头。北京南站的这个夜晚，和我的奥运记忆永远地联结在了一起。

北京南站总占地面积为49.92万平方米，建筑面积42万平方米。主站房建筑面积31万平方米，建筑地上两层，地下三层。建筑形态为椭圆形车站，主体为钢结构，分为主站房、雨棚两部分。主站房为双曲穹顶，最高点40米，檐口高度20米，主站房以天坛鸟瞰效果为基本形状，中间设有3个层次，隐喻中国皇家建筑的层次感和地位。两侧雨棚为悬索形结构，椭圆形中央站房屋顶和98000平方米的两侧雨棚主要材料为银色的金属铝板。北京南站整个钢结构总用钢量为6万吨。

建筑五层从上到下依次为，高架候车厅以及与之相配合的高架环形车道、站台轨道层、换乘大厅、地铁4号线、地铁14号线。两侧雨棚的环形高架桥全长2.8公里，主要通行的是出租车和社会车辆，旅客进站可直接进入高架候车大厅。地面层主要通行公交车辆以及用于旅客进站。地下一层面积12万平方米，是换乘大厅、停车场以及旅客出站系统，并且预留了与城市铁路连接的车站，其东西边为旅客出站大厅，另外设上下两层停车泊位900多个。站房南北侧建成下沉式广场，设有公交车始发站和出租车停靠站，南广场设有公交停靠站。

站台轨道层共设13座站台，24条到发线，3个客运车场。从北往南依次为：普速车场设到发线5条，3座站台；客运专线车场设到发线12条，6座站台；城际铁路车场设到发线7条，4座站台。地上二层为高架候车层，是旅客进站层，建筑面积近5万平方米，其中央为独立的候车室，东西两侧是进站大厅，自北向南依次为各候车区。高架候车大厅的四个角设有售票办公楼，车站共设置了84台窗口售票机和39台自动售票机。检票进站也全部由自动验票系统控制。北京南站还实现了乘客不出站台零距离换乘，每个站台上都有多部直梯和扶梯，这些电梯将候车大厅、站台层和地下换乘大厅连接为一体。站内共设有100多部电梯，旅客可以通过这些设施无障碍地进出站或到达车站的各个服务区域。

北京南站的设计突出环保、节能等理念，在众多大型火车站中首次采用太阳能发电。新建成的高架候车厅屋顶中央采光带，将设置太阳能光电板，太阳能发电系统在白天开启，辅助解决车站用电问题。

之所以介绍得如此详细，是因为这个车站的设计集中了诸多的优势力量，为中国在高铁站房设计立下了样板模式。大气磅礴的北京南站设计，充分体现了中国设计人员的智慧，它打破传统的设计，成为中国高铁车站建设史上典范式的建筑。

城际铁路的建成,拉开了中国高铁建设的大幕,从此,中国高铁迈入了一个辉煌灿烂的时期。

我不想在这里渲染各国政要在第一次乘坐京津城际铁路时的惊喜,也不想更多地叙述京津城际铁路建设过程中建设者们的万般辛苦和无穷智慧,我只是感叹这条铁路为中国铁路建设指明了新的方向,为铁路人找到了出路,为中国人实现真正的高铁梦打开了通道。中国人终于创造了神话,从而让更多的中国人由此相信高铁在中国的建设不再只是神话!

北京南站的设计理念,直接影响了此后中国高铁站房的建设设计。高铁站房的设计从此越来越精美,越来越趋于人性化了。

【第三章】

中国高铁的技术创新

中国高铁的技术创新是一个系统工程，我在中国南车集团、北车集团、中国铁建和中国中铁等单位采访时切实感受到了这一点。而更多的感受，则来自高铁建设第一线，来自最基层工作者所讲述的工作细节。

动车让中国产业工人昂首挺胸

不久前，我去四方机车车辆厂采访，遇到许多平凡的劳动者，他们每天都从事着推动高铁建设的工作，在谈到高铁时他们总会眉飞色舞。当我问他们是否意识到自己所从事的工作对高铁而言具有重大意义时，他们总是轻描淡写地描述着自己的贡献，可我却每每为他们那无私奉献的精神而动容。

典型人物之一：田爱琴

车体仿真分析，通俗地说就是对车体的结构强度设计进行分析，它是轨道交通装备研发的基础。高速动车组的研发本身就是一项复杂的系统工程，其研究的领域已从固体力学延伸到空气动力学，从结构小变形延伸到结构大变形。那么，如何建立一个全面、系统的研发协同仿真分析平台呢？中国南车人一直在思索着。身为南车人的田爱琴，1994年从大连铁道学院毕业后就来到中国南车四方股份公司。工作两年之后，她深感原有的知识无法满足工作需要，于是在1996年，她重返校园，攻读车辆工程专业研究生；1999年硕士毕业后，即开始从事轨道交通装备车体、转向架的仿真分析。从出口委内瑞拉、斯里兰卡的动车组，到中原之星电动车组，再到时速200公里高速动车组的仿真分析，她都是参与者。为了建立起公司的协同仿真平台，田爱琴和她的团队从软件的特性调查、选型、人员的培训、硬件的选配，建立起一流的协同仿真平台，为高速动车组等轨道交通产品持续、深入地研发奠定了坚实的基础。

四方股份公司研制的时速300公里高速动车组，在试验过程中，当高速通过隧道时，车体在隧道效应的作用下，会发生非常轻微的变形，这是因速度提升而出现的问题，是对现有主要技术的挑战。为此，四方公司成立了攻关团队，任命田爱琴负责车体的仿真分析。那段时间的她仿佛变了一个人，不管做什么事情，都会不由自主地联想到这个难题。经过多达十数种结构优化设计比对，攻关团队终于拿出了优化设计方案，成功解决了这一技术难题。

2008年，四方股份公司开始研制CRH380A高速动车组。设计时速达380公里的高速动车组，在世界上并无先例可循，科技攻关的难度史无前例。车体结构到底应设计成什么样？既要保持车体本身所具有的轻量化优势，又要满足在时速380公里的条件下车体的刚度、强度要求，这种“自相矛盾”的问题该如何解决？田爱琴一步步建立模型、划分网格、施加载荷，200多万个的网络规模需要重新划分，门口、窗口、关键承载部位的网格密度，单元的选择以及单元形态，都需要进行反复比较、优化、校验。田爱琴当时脑子里只有一件事，那就是CRH380A的车体。她和科研团队常常为了一个方案的反复求解、论证忙得通宵达旦，为了新头型的问题、车体模态的问题、车体气密强度的问题不眠不休。最终她艰苦的付出收获了完美的回报，CRH380A高速动车组受到了专家们的高度评价。CRH380A高速动车不仅是产学研科技攻关团队集体智慧的结晶，也成为我国装备制造业自主创新的典范。

田爱琴是有责任感的妈妈，总想工作和生活都做到最好。当时，她的丈夫在外地工作，孩子刚上小学。她每天早晨6点半把儿子送到学校，晚上6点半以后才能到学校接儿子,儿子放学后总是与学校看大门的老爷爷在一起。懂事的儿子常常向老爷爷和小伙伴们炫耀:“我妈妈是研究高速列车的。”田爱琴听到了只是笑笑,此时在她的心里,满满地都是对孩子的歉意。她也知道,如果再有新任务,自己仍然会把全部精力放到工作上,做她的孩子,少了妈妈随时的关注,却可以学到人生的至理:做人,首先是做个有担当的人。

典型人物之二:苗新芳

苗新芳,中国南车四方公司高级工程师,1999 年从山东科技大学机电一体化专业毕业后进入四方公司总装分厂。2009 年,苗新芳被任命为 CRH380A 高速动车组项目工艺负责人。作为完全自主创新的新一代高速动车组,CRH380A 是一项“从无到有”的挑战,苗新芳坦言:“压力不是一般的大。”她要完成的工艺中,动车组车头的外板如何成型是首要难题。动车组运行速度越高,对车体气密强度的要求就越严格。为了有效降低压强变化带来的噪声污染,增强司机室整体强度和刚性,外板的板厚从原来的 2.5 毫米提升至 4 毫米,局部甚至达到 6 毫米,同时,CRH380A 的“火箭”车头头型曲面整体呈现出变曲率流线型特征。苗新芳对我解释说:“依靠锤压机渐近成型的传统手工方式,难以克服厚板曲率变化带来的成型影响,无法满足 CRH380A 外板的制造要求。”保证外板成型精度、提高生产效率,对新头型的研制至关重要,几经周折,苗新芳和团队把目光投向了数控多点无模涨拉成型技术。

为了攻克涨拉成型技术(即通过设备夹紧板料做曲面拉伸运动,使板料纤维产生不等量延伸。依靠这一技术成型的零件尺寸大,曲率变化复杂,成型精度高,再配合数控多点模具更能实现一套模具成型多种曲面的效果,二者“合璧”不仅可以满足外板的成型要求,其一次成型的优势也能让成型时间大大缩短)的技术难关,苗新芳带领联合科研院所的成员们立即投入技术验证,对外板模型进行建模分析和涨拉试验,成型件性能取样测试,验证各项工艺参数……前前后后忙活了十几天,才确定了拉伸力的一个参数。由于负责动车组总体工艺,苗新芳那时候每天除了休息的四五个小时,其他时间都在现场。就这样,经过半年时间,终于完全掌握了涨拉成型技术的工艺标准,这项标准达到了世界领先水平(工件制造精度由原来的 6 毫米提高到 1.5 毫米,达到世界领先水平,为 CRH380A 车体气密强度 50%的增量提供了坚实的硬件支撑,车头生产效率更是提高了30%)。每当看到漂亮的车头开出厂房,苗新芳总会不自觉地用目光追随,像是看着自己正在学步的孩子。

典型人物之三:鄢桂珍

鄢桂珍,现为中国南车四方机车公司高级主任设计师,从一个实习生到高级主任设计师,从一线助理工程师到主抓动车组技术平台优化的总体设计负责人,她的成长历程,有着常人想象不到的艰辛,但是从刻苦努力中奋斗出来的人,往往能挑重担。她承担着"动车组平台优化"工作,就像一个服装设计师,为了给乘客更舒适更安全的乘坐感受,需要从整体到细节全方位着手,不断地美化自己的作品。

2012年10月,铁路总公司召开动车组统型会议,按照运营需求从操作、运用维护、旅客界面、制动系统、监测保护系统等六大方面,提出了33项统型要求。

针对如何更好地满足客户要求、提升产品的技术性能,鄢桂珍设计团队提出了"继承平台优势、满足统型要求,系统解决既有源头问题"的技术路线,即保持CRH2型动车组安全、可靠和舒适的技术特点,进行系列化、模块化技术提升,形成时速250公里速度级、时速350公里速度级两大动车组主系列产品。在时速250公里与350公里速度等级的动车组统型过程中,总改进项目多达70余项。从系统匹配的统筹规划到设计制图时的反复推敲,再到各系统相关环节的无缝对接,每一项优化都凝结着鄢桂珍和她的团队成员的辛劳付出。CRH2型动车组平台从无到有,她是见证者;从有到优,她是参与者。平台的不断优化使动车组系列产品变得更加安全可靠、经济舒适,夯实了中国动车组走出国门的基础。从2005年时速200公里动车组平台技术引进,到时速300公里动车组平台优化,再到CRH380A高速动车组平台以及CRH6型城际动车组技术平台的自主创新,中国动车组平台技术已日臻全面与完善。在鄢桂珍的心目中,给乘坐高铁的人以更安全舒适的乘坐感受是她的工作目标,她也将不断完善既有产品,进一步研发有更高科技含量的动车组,丰富中国高速动车组谱系。

典型人物之四:于延尊

于延尊,1984年从西南交大毕业进入中国南车四方公司,先后从事了20年的设备微电子技术改造以及机车电气设计工作。2006年,于延尊主持了我国首列时速200公里国产化动车组落成前的调试工作。须知，任何一辆机车要想投入使用，首先要做的就是调试，而将高速动车组调试到完美状态，就必须建立严密的调试工艺平台。项目开始之时，他的手里只有几张有关调试的设计原理图，能立刻投入调试的试验还是虚无的。于延尊和他的团队必须白手起家，设计制作出一套适合现场操作的制动调试试验台。当然也可以进口国外部件，但是其高费用与长周期就会成为摆在他们面前无法解决的难题。于延尊和他的团队一起战斗，找切入点，想对策，通过与国内企业的精诚合作，在车辆进入总装调试前，终于顺利地将制动试验台研制成功并投入使用。

于延尊说，他是动车组的专业守护者。2011年，举世瞩目的京沪高铁全线开通，作为公司杰出的高铁调试专家，他被派往运营现场为车辆“保驾护航”。刚到北京，他就接到消息，一列高速动车组的某辆车在运行过程中偶尔出现了牵引无流现象。需要在这里做出解释的是，牵引无流，最简单地说就是电力机车无牵引力，导致机车无法牵引列车运行。于延尊深知这个故障的严重性，来不及休息，就马不停蹄地奔赴动车所。他迅速组织下载了动车组运行参数以及牵引变流器的故障数据，凭借多年的调试诊断经验，依次对牵引变流器的50多个接口参数进行了检查及试验验证，在一口气工作了20多个小时后，于延尊成功找出了故障点并将问题顺利解决，保证了京沪高铁的顺利开通。七年间，于延尊历经了合武、郑西、武广、沪宁、沪杭、京沪、京广等多条高铁线路的开通。他主持调试的动车组产品覆盖了200公里、300公里、350公里以及CRH380A高速动车组。他为中国南车四方公司的动车组产品能集数量多、质量优、品种全、故障率低、运营里程最长等优势于一身，作出了特别扎实的贡献。

典型人物之五：马利军

在世界上运营线路最长（达2298公里）的京广高铁线路上，南车四方公司研制的CRH380A高速动车组正以每小时300公里、比飓风还要快的速度飞驰着。杯子里九分满的水全程未溢出一滴，这都归功于CRH380A转向架的高平稳性和高稳定性。

转向架，通俗地说就相当于汽车的“底盘”和“车轮”，是高速动车组的关键部件。在南车集团四方公司，从事轨道交通装备转向架研发的技术带头人马利军，自2000年从燕山大学机械制造专业毕业后就被分配到转向架分厂。从转向架的冷加工、热加工到装配再到转向架的落成，从机车转向架到客车转向架再到内燃动车组转向架，当时的他对转向架几乎一无所知。深知差距的他从零开始，稳扎稳打地刻苦学习。自2006年至今，马利军主持或参与的转向架开发项目共获得实用新型专利14项，其中，铰接构架直线电机转向架、单电机驱动转向架等发明先后填补了多项国内空白。

2008年，时年31岁的马利军带领一支平均年龄30.5岁的年轻设计师队伍，开始从事世界上运营速度最快的CRH380A高速动车组转向架的研发。一帮年轻人靠责任、激情和创新欲望，开始了长达18个月的科技攻关。高铁时速每提升30至50公里，都是一个全新的技术平台。

18个月的时间，从顶层目标的确立到方案的反复优化论证，再到最终的线路试验，马利军和他的设计团队进行了革命性的改变和全面创新，呈现出惊人的创造力。为了优化空气弹簧阻尼孔参数（经过大量的仿真分析，首先确定了12至20毫米的直径范围，然后逐个调整空气弹簧的结构，逐个参数进行比对试验，再经过大量数据的整理、分析），他们将参数逐个进行比对试验，耗时一个多月，通过在长达1068公里的武广线线路上进行试验，最后确定出一个最准确的参数，以满足列车高速运行时的安全性和舒适性。历经40多项动力学及结构强度仿真分析，通过数十项台架试验和线路试验，CRH380A转向架相对于时速200公里转向架有了很大提升：在构架重量不增加的基础上，构架强度提高了30%，动车转向架重量降低近100公斤，拖车转向架重量降低150多公斤，轴重提升到15吨。一系列数据的背后，是转向架技术创新的重大突破。

2010年12月3日，在京沪高铁先导段，CRH380A新一代高速动车组以486.1公里的惊人时速刷新了高铁的世界纪录。在这里，转向架表现出来的高安全性高可靠性，堪称完美。马利军和他的团队用不畏艰难、勇于攀登的精神，给这个纪录的创造，加上了牢固的保障。

我们接下来要说说南车青岛四方机车车辆股份有限公司——南车人的心灵之“家”。这是一家轨道交通装备制造业领先的企业，是国家高速列车的产业化基地，其高速动车组的研发制造水平及市场占有率处于国内领先地位，目前是国内高速动车组上线运营数量最多、品种最全、质量最优、运营里程最长的企业。

2004年1月，根据我国国情，国务院批准了《中国铁路中长期发展规划》，确定了铁路发展的宏伟蓝图。为了加快我国铁路装备技术与世界先进水平接轨，走出一条适合中国特色的高速列车自主创新之路，政府集中了我国铁路装备制造的优势力量，展开了铁路史上规模最大的引进消化吸收再创新工程，制定了“引进先进技术，联合设计生产，打造中国品牌”的方针。

2004 年 10 月，中国南车四方公司中标了 60 列时速 200—250 公里动车组的项目合同，自此正式走上了引进、消化吸收、再创新的发展道路。

2006 年 7 月，中国南车四方公司制造了首列时速 200—250 公里（CRH2A 型）动车组。

2007 年 4 月 18 日，全国铁路实施第六次大提速，中国南车四方公司研制的 CRH2 型动车组成为占有提速动车组总量七成的大提速的主力车型。高速动车组带着南车人殷切的期待，驶入寻常百姓的生活中。

2008 年 9 月，世界首创的长大编组卧车动车组（CRH2E 型）在公司竣工下线。

2010 年的 12 月 3 日，在京沪高铁先导段，中国南车四方公

▲ 单看外观，很难区分的这几列动车组，是正奔驰在中国大地上的高铁主力车型。

司研制的CRH380A 创下时速 486.1 公里的世界铁路运营试验的最快速度。

2010 年末,第七届世界高速铁路大会在北京召开。这是世界高速铁路大会首次在欧洲以外的地区举行，标志了国际铁路业界对中国高铁成就的认可。CRH380A 在大会上的精彩亮相,让世界的目光汇聚在了一处。

2011 年 8 月 16 日,全国铁路调速,京沪高铁运行动车组全部采用了中国南车四方公司的 CRH380A。这种车型用“零故障”向全社会和用户交了一份满意的答卷。

2011 年 12 月,中国首列时速 500 公里的试验列车在该公司研制成功。

2012 年 12 月 26 日,被称为世界运营里程最长高铁的京广线(总长为 2300 公里)全线贯通。中国南车四方公司研制的 CRH380A 高速动车组成为主力车型,占同类车型的 90%。

2013 年 11 月,公司为香港高铁研制的高速动车组下线,标志着中国高铁走出去战略迈出了实质性的步伐。

在 10 年的高速动车组创新发展中,中国南车四方公司历经四个创新阶段:

第一个阶段是引进、消化吸收、再创新阶段。这个阶段,在引进、消化吸收国外先进技术的过程中,公司进行了全面的研究试验,留下了 600 多页的试验记录、数百兆的电子数据记录,进行了长达 6 万公里的线路运行试验。在引进高速动车组技术上进行了 100 多项优化设计后,成功解决了引进技术和中国铁路环境的水土不服问题,成功掌握了时速 200 至 250 公里动车组的设计制造试验检测技术,构建了动车组产品研制平台。在完成 60 列时速 200—250 公里动车组项目的基础上,通过对编组形式、动力配置、车型设置、旅客界面、减震降噪等方面的创新,成功制造出 CRH2 型时速 250 公里长编组动车组和世界首创的卧铺动车组。

第二阶段是自主提升创新阶段。在京津、武广、郑西等线路进行了一系列综合线路试验,对高速条件下的系统行为进行了全面的研究和探索,对动车组的牵引性能、车体强度与模态、转向架等方面进行了系统的提升与优化,突破了制约速度提升的关键技术瓶颈,将动车组的运营时速提升到 350 公里,成功研制出 CRH2 型时速 300—350 公里高速动车组。

第三阶段是全面创新阶段。这个阶段,依托国家高速动车组总成工程技术研究中心、高速列车系统集成国家工程实验室,在国家发布的《中国高速列车自

▲ 南车四方公司研制的世界首创的CRH2E型卧车动车组，扩展了动车的使用范围。

主创新联合行动计划》指导下，以安全可靠为核心，以仿真分析、测试试验为依据，以过程评审为保障，采取产学研用联合攻关的创新模式，通过对轮轨、弓网和空气动力学性能等的深入研究，通过数据分析、仿真计算、方案比选优化以及零部件、子系统、整车等一系列大量的试验研究，历经450余项的仿真计算、1050余项的地面试验、2800余项的线路试验，成功研制出CRH380A新一代高速动车组。动车组系统解决了高速状态下的结构可靠性、动力学性能、震动模态匹配、气动性能等关键技术。线路试验和跟踪试验研究表明，CRH380A新一代高速动车组满足了高速、安全、环保的运行需求。

被誉为国家装备制造业自主创新典范的CRH380A高速动车组，成功突破了头型、轻量化车体、转向架、减震降噪、系统集成等关键技术的难题，保持着高速度、高安全、高可靠、高节能的优势。在上海世博会、世界高铁大会、“十一五国家科技成就展”上相继亮相，并在沪杭、海南东环、武广、京沪高铁中投入运营。

CRH380A 高速动车组在速度、安全、舒适、节能等技术指标上达到了世界领先水平。2010 年 12 月，在京沪一线先导段创造了 486.1 公里的世界铁路运营试验最高时速。

第四阶段是持续创新阶段。在这个阶段，为进一步研究更高速度等级下高速列车的安全性、舒适性、经济性、节能环保等指标，2011 年研制出更高速度等级试验列车。该列车在 2012 年创造了 605 公里/小时国内实验室最高试验速度。2012 年，中国南车四方公司又成功建立了我国首个城际动车组的技术平台，并研制成功我国首列城际动车组——时速 200 公里 CRH6A城际动车组，后又成功下线了 CRH6F 时速 160 公里城际动车组。目前，该公司已形成了城际动车组的系列化产品。

截止到 2013 年 12 月底，中国南车四方公司累计交付高速动车组 408列，动车组累计安全运营超过 5.73 亿公里，单车最高运营里程超过 350 万公里。

我曾在一段时间内，集中采访了中国南车集团和北车集团的三个动车组生产厂家。这三个生产厂原来是出自同门的兄弟，曾经都归属于铁道部领导，后来出于市场竞争和区域规划的需要，将它们分开了。尽管几个厂家之间存在着保守技术秘密、互相竞争的态势，但从各自的企业文化来看，它们都有着强烈的民族自尊心以及攻坚克难的勇气和智慧，它们所从事的工作虽然大同小异，但技术创新的诀窍却“八仙过海、各显神通”，各自具有自己明显的特色。这与一个工厂的技术发展史、企业文化的凝聚力、地域文化的影响，特别是近几年高速铁路的竞争白热化，都有很大关系。

中国北车长春客车股份有限公司首席操作技师罗昭强原来只是一个维修电工，但经过多年刻苦钻研，他设计发明的“CRH3 型动车组调试操作技能实训装置”引发了许多学校和培训机构的关注，纷纷提出了购买意向。他设计的这套装置，能够在室内模拟车辆运行情况和遇到的故障，方便工人学习列车维护，填补了国内轨道车辆调试模拟技术的空白。此前，工人们只能通过现车练习车辆调试，由于存在损坏车辆的风险，于是出现了学习者不敢下手，培训者也不敢示范的情形。模拟实训装置的产生，不仅能规避这种风险，也节省了工作时间、用电及生产资源成本。由于轨道交通装备技术含量较高，检修维护技术匮乏成了轨道交通运营商的共同短板。轨道交通运营商购买产品时，也希望厂家提供后期维修服务。目前，罗昭强技师设计的“CRH3 型动车组调试操作技能实训装

▲ 长春客车厂首席操作师罗昭强设计发明的CRH3型动车组调试操作技能实训装置，填补了国内轨道车辆调试模拟技术的空白。

置”已经先后获得多项国家实用新型技术专利和发明专利；同轨道车辆操作模拟技术还可广泛应用于轨道车辆的检修维护及人员培训，挖掘出车辆运营维护产业链的新价值。类似这种培训类设施，三个厂家都在开发，在不断完善提高设施的过程中，它们都意识到落后就可能被挤出市场，每每你追我赶地对技术的提升进行着不懈努力，虽是兄弟企业，但谁也不想被谁落下。正是这种不甘人后又具积极意义的创新和努力，让中国的高铁事业发展得更加顺畅。

北车集团十分明确地提出要给所有职工“搭平台、建舞台、摆擂台”的主张，只要敢创新，就能受到物质和精神双重鼓励。入职仅4年的工人刘清元，一年就完成了各项创新发明57项，极大地开掘了不锈钢车体焊接设备的潜能。他曾在一年中一人独得23000元奖金，成了北车集团长客公司尽人皆知的创新状元。

《瞭望》杂志曾在2014年对中国高铁的两位女将进行了报道：在中国高铁技术实现突破性发展的过程中，这两位女工程师的故事生动地说明，对引进技术能够进行“消化、吸收、再创新”的能力来源于中国铁路装备工业的产品开发能力和技术积累。

第一位是长客的总工程师赵明花。赵明花于1986年大学毕业后进入长客工作,一直是设计工程师。从20世纪90年代末到21世纪初,赵明花主持了“春城”号和“长白山”号两个动车型号的设计开发。当原铁道部为大规模引进先进技术而从线路上撤下“长白山”号并封存时,赵明花还想不通为什么要放弃自己开发的产品而去引进外国产品。

也许与此有关,她并没有参与2004年到2006年的大规模引进,也没有得到外方的培训。后来,长客在从阿尔斯通引进“5型车”(即CRH5)时遇到严重困难,出了许多问题。在长客最困难的关头,2007年,赵明花被任命为技术负责人。此后,长客的“5型车”顺利出厂了,她也成为长客开发CRH380B的项目负责人。

第二位是中国南车四方的副总经理梁建英。梁建英是个“70后”,1995年从上海铁道学院毕业后进入四方公司工作,一直从事设计和产品开发。因为休产假,梁建英与赵明花一样也没有参与2004年到2006年的大规模引进,没有参与对CRH2A(川崎重工的原型车)的“消化、吸收”过程,也没有接受过日方的培训。但是从CRH2B开始,梁建英就成为后面所有型号的技术负责人之一,并且担任CRH2C的主任设计师和新一代动车组CRH380A的总体设计师。

很显然,这两位女工程师都不是“技术引进”的“产物”,但都成为对引进技术进行“消化、吸收、再创新”的主将和高手,她们的成功,体现了中国铁路装备企业的产品开发能力。

有意思的是,赵明花和梁建英都把自己具备的能力看作是理所当然。但对于一个第三方的观察者来说,她们的存在本身就是一个独立变量——她们的能力是独立于技术引进过程的自主开发经验的产物。当记者追问梁建英,为什么当时公司领导会选中没有参与过技术引进的她,来负责改造引进产品的总体设计时,她有点迟疑地回答道:“可能是因为我有系统设计的经验吧。”可以肯定,梁建英之所以具备对引进技术“动刀子”的资格,是借由此前的自主开发过程中的表现获得的。

从自主开发过程中成长起来的技术人员有着不依赖别人的习惯。赵明花就说过:“铁路人没有依靠国外技术的习惯。”还是在对2型车进行“消化、吸收、再创新”的阶段,有一次,当梁建英问一位设计师为什么那样做时,对方回答说:因为日本人就是这么做的。她勃然大怒："下次当我再问你为什么的时候，你如果再说就是因为日本人这么做的，我就让你们写检讨！"

梁建英认为，"如果不思考为什么，就会造成思想上的惰性，老是说因为别人这么说的那么说的，就不会有进步。如果真的说不出为什么，就必须通过试验把原因验证出来。"据她讲，在引进时，很多中国设计师都会有这种省力偷懒的倾向，因而她不得不花了很长时间去纠正他们。

这说明，引进容易造成依赖的心理和习惯。那何以梁建英在面对引进的方案时仍然要问"为什么"？她的回答是："我长期从事开发工作，一毕业就来厂做研发，在工作中必须问'为什么'，这是多年来养成的习惯。"

《人民铁道》报记者在采访赵明花时，这位一线技术人员爽快地说，自己二十多年的工作就是在不断地发现问题和解决问题中度过的。她很崇尚自己的工作，也很热爱自己的团队，更喜欢带领整个团队共同攻坚克难。面对许多常人难以承受的挑战，赵明花常常简单地用"问题"这个词带过，每次都是笑着迎难而上。"困难总是存在的，最重要的是要积极面对它、解决它，勇气是解决问题的关键。"就这样，她迎着问题步步向前，终于圆满实现了研制生产世界一流动车组的梦想。这位名将的经典语录是："成功不是做出一辆车，而是做出一辆世界上最好的车、一流的车。""及时应对发生的问题，不能淡化问题、躲避问题、绕开问题。""要让大家清楚共同的目标，明白我要干什么，应该怎么干。在每走一步的过程中，团队始终是在一起的，不出现'短板'，在工作中发挥集团军的作用。"

在接受《21世纪经济报道》记者采访时，梁建英说："我的梦想是让全世界认可中国的高铁技术，我们国家的高速列车技术领先世界。同时更希望我们自己制造的列车能够安全可靠地服务于国家和社会，我觉得这个更重要。列车的安全可靠运营是最关键的，所有的技术人员都要以这个为根本，在此基础上对技术进行再提升。我最高兴的是看到我们国家有了这么多高铁，我的愿望是能够为中国高铁事业的发展做更多的事情。"

通过中国南车、北车集团两位女将的感人事迹和她们各自的剖白，我们可以充分感受中国高铁制造业中蕴藏的巨大创造力。这两位女将所呈现的拼搏精神，不仅是铁路机车车辆制造业的代表，也体现着所有高铁参与者的精神风貌。在她们身上，我们感受到高铁振兴的巨大力量，这种怀有神圣梦想的力量，一直驱动着每一个建设者去挖掘自身的潜质。潜能的发挥有时可以使一个人创造奇迹,而无数高铁参与者潜能的汇聚,则构成更加强大的创新力量,直接推动中国高铁技术的快速发展。

轨枕也可光滑如镜

——土木工程技术打破传统模式的技术创新

中国高铁的发展的确走过了以前铁路人所没有走过的道路。在中国高速铁路发展的过程中,铁路人的思想在变,铁路工程的品质在变,整个铁路系统的总体目标也在变。如果我们对高铁做一个细化的分析,就可以看到每条高铁都有自己的特色,每条高铁都有技术创新的故事。

先让我们走近京沪高铁,看看这条线路能带给我们怎样的感受。

相对于以往的铁路建设,京沪高速铁路建设主要具有标准高、规模大、技术新、质量控制难度与安全压力大、环保要求严、重难点工程多等特点。

速度目标值高：设计时速达到350公里、初期运营速度达到300公里/小时;为确保线路满足高速运行所需要的高平顺要求,工程需要采用高标准的基础沉降控制设计和严格的路基填筑、桥梁沉降变形和梁体徐变的控制标准。

安全舒适性优:为保障平稳、舒适的高速运行条件,基础设施设计采用了大曲线半径、长缓、曲线和线性变化平缓的线路平纵断面;为了解决空气动力学问题对高速运行安全性和舒适度的影响,要采用宽线间距和大隧道断面方案;为了保障旅客乘坐的高舒适度,需要通过提高路基、桥梁刚度,保持桥梁的高稳定性,并设置路桥隧过渡段等保证线路纵向刚度均匀性。

基础设施寿命长:桥梁设计寿命100年,无砟轨道设计寿命60年。

系统技术含量大:采用综合调度集中,围绕客运服务、行车调度、动车底调度,覆盖了调度电力、通信信号、线路管理、维修检修、施工抢修和防灾安全监控等六大体系,系统具备约束控制、预测分析、判断决策、应变调整、应急处理和协调配合的综合功能,保证了高速安全的正点运营。

环保设施标准高:一是沿线声屏障设置范围广,桥梁采用一体化声屏障,提高屏障刚度,减轻结构噪声,形成整体外观;二是在振动敏感路段和高架桥式车站采用线路减震设计;三是路基边坡采用植物保护,沿线及站点加强绿化,城市地段桥梁及站房设计与城市文化景观相协调。

▲ 高铁建设中的桥梁无砟轨道铺设是重点工程，此为完工后的桥梁。

京沪高速铁路采用的系统技术新，主要体现在：

1.Ⅱ型板式轨道及纵连道岔与线下工程接口关系复杂，特殊结构桥梁300处，典型桥式桥跨都进行了动力仿真检算，分别实行计算、观测、调整的信息化施工管理，确保线形满足设计要求。

2.大型客站5座，均系统考虑车场、站房建筑、广场、轨道交通及其他公共交通，是集多种交通方式于一体的大型客运综合交通系统，采用分场平面布置，改变了过去客站正线中穿场站或正线中穿与外包结合的平面布置，以列车作业过程仿真设置车站股道数量、咽喉区平面和设施设备规模。平行径路数量与车站到发能力、咽喉区通过能力相协调，适应密集接发列车。车站流线功能均能实现“上进下出”、“下进下出”与“站内换乘”和方便残疾人候乘，以及大张力接触网、防灾系统、与实名制配套的客服系统等。

3.研发抗拉强度高、导电性能好的高强度、高导接触线与承力索，研发适应不同接触线张力体系的配套零部件和工艺，创新大张力接触网技术，实现了弓网关系的良好匹配。应用高精度的架线设备、专用检测车和仪器、配备自动化检测设备的预配中心等手段，保证了接触网高平顺性。

4.高精度的全方位防灾安全监控系统，该系统由风速监测子系统、雨量监测子系统、地震监控子系统等多个子系统构成，能在运营过程中，精确感知风力、雨情和地质变动，做到及时预警并采取相应措施。如地震监控子系统能在发生地震时及时准确地监控地震波，并控制地震区域的列车减速或停止运行。

5.研发了与实名制配套的客服系统。为保证京沪高速铁路客运服务与信息系统的正常运行，确保高质量的旅客服务，在工程实施中，充分总结了各条客运专线客服系统实施的经验，结合本线客运服务的实际需求，开发并采用了以下几项新工艺和新技术：改变传统“人工售票为主”的客票销售模式，调整增设自动售票机，使人工售票窗口与自动售票机的比例从初步设计的5:1调整为2:3，适应高速铁路运营管理“减员增效、旅客自助服务”等新型客运服务管理模式。在全线售票窗口及自动售票机引入银联卡售票和二代身份证取票的方式，方便了旅客，提高了车站客运人员的工作效率。在站内候车区等客流集中区域引入数字式全景高清晰度摄像机，提高视频监控的质量，并为智能化客运、安防管理奠定了基础。

采用新型的客运服务集中管理模式，将客运服务、票务管理平台集中设置在铁路局所在地，作为运营管理的二级子系统，实施对京沪高速铁路站、车、旅客服务、售检票系统的集中管理。

京沪高速铁路的建设规模大，主要体现在以下三个方面：

1.一次性建成里程最长，跨越区域多。

该线路穿越华北和长江中下游两大平原，跨越海河、黄河、淮河、长江四大水系，覆盖北京、天津、河北、山东、安徽、江苏、上海等7个省市，贯穿环渤海和长江三角洲两大经济区，线路全长1300多公里。

2.工程类型复杂且工程量巨大。

京沪高速铁路建设涉及的工程类型复杂，包括了线路工程、路基工程、桥梁工程、隧道工程、站房工程等诸多工程和系统，同时工程量巨大。

京沪高速铁路建设项目施工任务重、工程推进快，质量控制要求高、难点多；全线软土、松软土、深厚软土分布范围广，区域沉降、岩溶地质、侵蚀性环境工点多，基础设施变形沉降标准严，观测评估周期长，控制调整难度大；桥梁梁体徐变控制要求高，桥梁上部结构施工、车站高空作业点多线长，施工难度非同一般；Ⅱ型板式无砟轨道不仅生产工艺复杂，而且铺设精度要求高；站前站后工程接口多导致施工落实及质量控制工作量大；由于四电工程系统复杂，子系统多、高新技术密集、结构庞大，需采用系统集成模式建设，保证协调配合的高要求、综合调试试验的大难度。这些都决定了建设中协调进度、控制质量、保证安全的任务重，对施工组织、调度指挥和现场控制的有效性提出了更高的要求。

十几个轨道板场邻近施工地点，沿京沪高铁线分布在两侧。由于规划设计的优化，大型临时用地由 4 万亩减少到 2.3 万亩，减少了 1.7 万亩。

京沪高速铁路穿过经济较发达的东部地区，城镇化率高，施工期环保要求高。土地资源尤其是耕地显得更加紧张，其节地效益更加巨大。跨越海河、黄河、淮河、长江四大水系及相关河流达数十次之多，水体与河道防护任务重。施工阶段产生的废水包括施工开挖、钻孔施工时产生的泥浆水，施工机械及运输车辆的冲洗水，施工人员产生的生活污水，降雨时冲刷浮土、建筑泥沙等产生的地表径流污水，以及隧道、桥梁施工产生的污水等，如无有效控制，会对邻近或跨越的江河地段的水质产生一定污染。特别是南水北调东线工程输水干线及支流、黄河济南段、苏州阳澄湖等敏感水体。这是控制的重点内容之一。同时，沿线生态保护目标众多，主要有廊坊市自然公园、南水北调东线工程、黄河济南段、泰安市规划的大河自然风景旅游区、蚌埠龙子湖省级风景名胜区、凤阳明皇陵国家文物保护单位、滁州琅琊山国家级风景名胜区、镇江南山省级风景名胜区、苏州阳澄湖水源地、常州寺墩遗址等生态敏感区，以及沿线的耕地。

3.长大桥梁和部分特殊结构桥梁工点。因质量要求高、施工工期长、跨河跨路施工难度大、资源投入多等因素，甚至全线以长桥和桥上无砟轨道为主，所以导致长大桥梁和部分特殊结构梁是全线的重点工程。

高速铁路桥梁在梁高、梁重上均超过普通铁路，主要由刚度控制设计。铺设

和谐号
和谐号

无砟轨道的桥梁结构，除需满足高速列车运行的安全性、平稳性和乘坐舒适性等要求外，还要满足轨道结构的铺设精度以及扣件设计参数的要求，这就要求梁部结构必须具有足够的竖向、横向及抗扭刚度和较小的徐变变形，墩台基础沉降变形小、纵向刚度大、轨桥共同受力状态好；同时，还要使主结构达到正常使用100年的耐久性要求。其设计、建造的难度可想而知。

南京大胜关长江大桥是京沪全线的咽喉工程。为满足万吨级轮船的通航要求，必须采用大跨度；为实现京沪高铁设计速度350公里/小时、沪汉蓉铁路设计速度250公里/小时、南京地铁设计速度80公里/小时三条双线铁路共用一桥的世界先例，必须同时满足相应的技术标准要求；由于采用三片主桁的结构形式，桥梁恒载大，加上六线铁路的载重大，杆件截面大，轴力也大，不仅制造、架设困难，甚至桥梁用钢种的强度都面临挑战。大桥上部结构总荷载近100吨/米，最大杆件轴力高达10000吨，对于设计轴力最大的钢桁拱拱肋，且采用箱型多肋截面来增加其承压面积，仍有约15%的构件需要采用更高强度等级的钢材，大桥通过研制生产新的高强度桥梁结构钢材来满足桥涵施工需要。

济南黄河特大桥主桥按京沪高铁和太青高铁双线共建设计。桥位所处河道水少沙多，淤积严重，同时具有水沙异源、水量年际变化大、年内分配不均、枯洪流量悬殊等特点，基础施工既要考虑防洪行凌，又要顾及调水调沙等影响因素。水中桥梁基础施工面临很多难题，但施工人员通过科技创新手段一一克服了。

京沪沿线经济发达，景观要求高，环境敏感地段多，桥梁的墩、梁外貌风格应与沿途的自然景观和人文环境相协调。桥梁设计时，需根据地理环境条件和施工需要，合理选择结构形式，使敏感地段的桥梁外观与桥址处的自然景观和环保要求协调一致，达到一桥一设计、一步一景观的设计效果。在跨越大江、大河及城市主要道路时，选择景观效果明显的钢桁拱、系杆拱、提篮拱、连续梁拱等多种结构形式。梁部结构采用斜腹板形式的箱梁，桥墩结构采用流线型造型，上下部结构线形流畅、相辅相成、刚柔相济，具有明显的景观效果。

在京沪高铁的建设中，有诸多方面是系统工程：

全线采用具有中国自主知识产权的无砟轨道技术；规模化生产与铺设、轨道质量保证、关键技术攻关、工电专业的系统集成、成套工装设备的研发、工期保证等因素决定了无砟轨道和无砟道岔是京沪高速铁路建设的又一重点工程。

天津西、济南、徐州、南京、上海虹桥枢纽是规模宏大的现代城市交通中枢，与地方工程接口众多，工程结构复杂，征地拆迁任务繁重，既有线运输对施工及过渡安全要求高，站后系统安装调试密集，是全线顺利开通的重点工程。高架站工程需在正线运架梁完成后方可开工，且与无砟轨道、接触网、其他站后工程工序交叉重叠、相互影响，致使上述各项工程之间协调工作量特别大、工期特别紧张，不安全因素也多。

综合调度各子系统的匹配整合、列控系统调试、轨道和牵引供电系统与动车之间的性能测试是联合调试的主要内容，联合调试对象技术新、结构新、装备新，组织与调试方法暂无成熟经验可借鉴，不可预见因素较多，是重难点工程。

京沪高铁 GSM-R 网络以利用通信的手段实现京沪高铁移动设施和固定设施的无缝连接，确保列车平稳、高速、安全运行为目标。所以，对于 GSM-R 网络的功能要求是：实现 CTCS-3 级列控系统安全信息传输；实现车上移动信息综合接入系统，满足京沪高铁各子系统的需求；建立移动信息综合服务系统，满足自动控制、调度指挥、移动作业等需求。

信号系统工程主要包括了连锁系统、列控系统、监测系统及 CTC 系统设备安装调试。

在这一建设过程中，还采用了工厂化的生产形式。工厂化生产是一项系统工程。建设、施工单位在编制指导性和实施性施工组织设计时，把工厂化作为一项重要内容，统一纳入建设项目的标准化管理和施工组织设计中；对梁场、拌和站、轨道板厂、铺轨基地等工厂的布局、生产任务的分配、预制件的运输等，都进行了周密的安排，建立了统一的标准工厂化要求，把全线新设临时工厂的标准统一起来，既充分利用了既有制梁厂等空间，又利用了社会工厂和现场新建工厂。通过工厂化集中生产，从源头上对生产材料进行把关，集中研究生产改良技术，不仅降低了生产成本，提高了产品的合格率，降低了构件的质量风险，同时也提高了标准构件的预制速度，保证了全线施组计划的顺利实施。

京沪高铁既是一个样板工程，又是一个不能穷尽所有施工特点的项目。它融中央的决心、管理者的雄心、科研者的精心、建设者的信心于一体，包含了十多万人的心血与汗水。在高铁施工现场看到的平滑如镜的整体道床，会彻底改变人们以往对铁路施工的认识。

京沪高速铁路枢纽建筑总体采取建筑一体化设计思想，把铁路车站、城市公交道路、长途公交站、城市轨道交通线、航空港、出租车和社会车辆停车场等多种场站综合一体进行整体规划。它将多种交通场站有机融合,站房建筑造型与地域文化特征完美结合,“公共交通优先”、“人车分离”,铁路旅客实行“上进下出”、“同站换乘”模式,实现了综合交通枢纽换乘一体化布局和节能环保目标。

构建综合交通枢纽的首要问题是旅客流线。采用跨线式候车大厅,旅客进站可从候车厅直接下到站台上车,而站台上到达旅客与出发旅客的流线交叉需要疏解,到达的旅客必须向下走行才能避开交叉。这就形成了常见的“上进下出”的旅客流线,也是我国大型客运站主要的旅客流线方式。

大型客运站作为城市标志性建筑,是城市现代化发展的体现,也是高速铁路旅客大量集散的地方。在设计规划北京南、天津西、济南西、南京南、上海虹桥等车站时,构建综合交通枢纽成为客运站建设的重要目标。中小型客运站通常远离市区和既有铁路,大部分新建站原有的交通设施几乎是一片空白,旅客换乘严重不便。因此,解决这些车站的旅客集散运输问题,不但是为了方便旅客,也会影响旅客乘坐高速铁路的心情,甚至影响到高速铁路最终的运量和效益。

在我国传统的铁路客站设计中,标识没有经过系统化的设计;多数铁路客运站都是在建筑主体与装修竣工后,才开展标识设计工作,这就产生了标识的系统性不强、与建筑缺乏有机联系、视觉效果不好等诸多问题。现代化大型综合交通枢纽,在建筑设计上,合理的功能分区能使旅客很好地进行组织分流,由此衍生出了“同站换乘”的新型交通枢纽车站设计理念,公交、地铁、出租车及社会车辆等布置较为集中,运营服务的空间面积大、功能分区多,汇聚和疏散广大乘客的各种交通组织非常复杂,如果标识导向的设计缺乏系统性,乘客在这样的环境中极易迷失方向,无法快速找到目的地。这就迫切地需要研究出一套科学的、系统的、美观的、能够适应“同站换乘”模式的高速铁路客运专线标识导向系统,来提高客运专线车站运营的秩序和效率,保证运营的安全。京沪高铁站车标识让每位旅客赏心悦目,其他高铁运营线上的车站亦如此。我们所接触的车站也会让我们感受到现代建筑的美。这些车站充分运用现代设计技术,结合地方特色和民族文化,设计出的站房美轮美奂,既有时代特色,又有文化底蕴。

北京南站两侧雨棚为悬索形结构,雨棚钢结构采用了 A 形塔架支撑体系、悬垂梁结构等多项建筑技术。南京南站采用无站台柱雨棚,雨棚支柱及面板装饰与候车大厅风格相协调;雨棚支柱立于到发线股道中间,接触网悬挂于雨棚支柱上。部分客运站的旅客站台雨棚采用整体式钢构无站台柱雨棚设计,覆盖全站，站场股道间无雨棚支柱，雨棚中间设空气通道，如昆山南站、苏州北站、无锡东站等。部分小型客运站的旅客站台雨棚采用整体式钢架无站台柱雨棚设计，覆盖全站，站场股道间有支柱，支柱立于到发线与正线之间，雨棚中间有空气通道，如滕州东站、曲阜东站、泰安站等。

高铁车站在节能方面采用了值得称道的太阳能光伏发电技术。太阳能光伏发电技术是一种依托绿色再生能源的重要新型能源技术，近年来逐渐成为国际上先进的可再生能源利用技术之一。太阳能光伏发电技术根据光生伏特效应原理，利用太阳能电池将太阳光能直接转化为电能。光伏发电系统主要由太阳能电池板、控制器和逆变器三大部分组成。京沪高铁上海虹桥站、北京南站、南京南站、天津西站等大型枢纽车站结合车站结构布局，实现了光伏发电与车站建筑的一体化，促进了太阳能光伏发电在铁路系统开发应用。以上海虹桥站为例，该站太阳能光伏项目是当时世界上最大的单体建筑光伏发电一体化电站。车站采用钢结构无站台柱雨棚，多晶硅单玻太阳能电池板组件整体平铺于雨棚上，与雨棚倾角一致，两侧雨棚共敷设了面积约 6 万平方米的太阳能电池组件，总装机容量 6.7 兆瓦，预计发电量为年均 630 万度，可供 1.2 万户居民使用。

京沪高速铁路在暖通节能方面应用了一种地源热泵与风冷热泵机组相结合的复合式冷热源技术，实现冬季由地源热泵机组、土壤换热器联合供热，夏季由地源热泵系统与风冷机组联合供冷，从而达到节能减排的目的。京沪高铁许多动车采用了复合式冷热源技术，按照站房规模，在各站室内外分别设置了 1 至 2 台地源热泵机组和风冷热泵机组。比如，徐州至上海段的非采暖区站房，采用地源热泵与水冷螺杆冷水机组相结合的复合式冷热源，冬季单独运行地源热泵系统，夏季由地源热泵系统与水冷螺杆冷水机组联合供冷。

冷热电三联供系统指以天然气为主要燃料带动燃气轮机、微燃机或内燃机发电机等燃气发电设备运行，产生的电力供应用户的电力需求，系统发电后排出的余热通过余热回收利用设备向用户供热、供冷。该系统是在热电联产基础上，充分开发利用夏季多余的热力，利用发电后产生的低品位余热制取冷量，是一种冷、热、电联产的分布式能源的系统。通过这种技术可大大提高一次能源利用率，对夏季空调用电、冬季采暖用气造成的电力和燃气需求的不均衡可发挥双重作用，具有节约能源、改善环境、增加电力供应等综合效益。

京沪高铁北京南站、天津西站等采用了冷热电三联供技术，收集部分能源

▲ 南京南站采用无站台柱雨棚，其装饰与候车大厅风格相协调，让身在其中者感受到宁静和安详。

转换为电力，系统排出的大部分废热通过余热锅炉或者余热直燃机等向车站供热，并通过吸收式制冷机制冷供冷，实现能源梯级利用，使能源利用效率从常规发电系统的40%左右提高到80%左右，同时减少了二氧化碳、二氧化硫等污染物的排放。

京沪高速铁路应用了多项绿色照明技术，主要包括：先进节能灯具应用、照明智能控制技术、太阳光光纤导入照明系统技术等。(1)广泛应用先进的节能灯具，例如三基色T5、T8荧光灯；在站房空间高度大于5米的候车厅、门厅、雨棚等位置采用金属卤化物灯，选用LED为主的标志灯替换白炽灯。(2)在全线站房、动车所、枢纽应用照明智能控制技术，实现对不同时间、不同环境的照明控制和科学管理，降低照明系统的能源消耗，提高能源利用效率和照明质量，减少灯具工作时间，延长灯具寿命，降低运行维护成本。(3)虹桥站应用太阳光光纤导入照明系统技术，通过光学凸透镜将太阳光聚焦收集，利用物理光学原理分离过滤太阳光成分，将过量紫外线、红外线和有害射线拦截，用特殊光缆把阳光传送到室内和地下室等任何地方，实现了室内生态、健康阳光照明。

在京沪高速铁路建设工地上，一些建设者的表现更能体现中国高铁建设者的精神风貌，为高铁建设作出了自己的贡献。北京交通大学土建学院高亮教授主持的“京沪高速铁路CRTSII板式无砟轨道台后锚固结构的理论及试验研究”工作，获得成功。该项目针对桥上CRTSII型纵连板式无砟轨道的特点，创新性地提出了具有我国自主知识产权的II型主端刺台后锚固体系，通过大量理论分析及现场综合试验，验证了该体系能够较好地满足高速铁路CRTSII型板式轨道锚固体系的需要。该结构方案设计合理、施工方便、经济实用，项目创新性研究成果突出，其中理论及试验研究方面均处于国际领先水平，推广应用后，仅在京沪高速铁路就节约建造成本近2亿元。

京沪高铁在施工中第一次涉及水利水电领域。在京沪线西渴马隧道工地，一位女技术员在接受记者采访时平静地说，自己已经两年多没回家了，一直和丈夫在工地抢工期，孩子断奶后只好送回老家，让老人帮助看管。这又是一位为了工作而做出牺牲的女同志，她穿着一身旧工作服，安全帽上沾满泥浆，掩盖了她的美丽容颜，与亲人分别的伤感似乎一直在被她刻意掩饰着，但她谈到工作时洋溢出的自信，让很多来工地参观的老专家们感慨不已。

京沪高铁工地上中铁十六局集团有一对“80后”新人——年轻的总工王新刚、技术干部范菲菲，他们一直并肩工作在高铁第一线，他们的恋爱历程见证了铁路建设的大发展。为了工作，王新刚和范菲菲的婚礼拖了整整三年。在京沪高速铁路工程中，两人承担技术管理的韩庄运河特大桥100米主跨技术含量高、施工难度大，他们约定：管区施工任务完成之时再结婚，用100米主跨的成功建成见证他们的爱情。终于，2009年年底管区完成了施工任务，100米主跨顺利通行，而这对相爱已久的年轻人，也在2010年2月完成了终身大事。

这样的情况不是个例。在中国中铁一局所承担建设的京沪高速铁路工地上，员工节假日基本上都在工作，自己的终身大事一推再推已经很平常了。领导们在为员工的献身精神感动的同时，也觉得有责任给他们带来幸福，于是一线上的婚礼悄然登场，只二标段八工区一年就有7对新人在项目部举行了婚礼。其中，一对小夫妻脱下婚纱礼服立刻换上工装赶赴工地的故事被传为佳话。

新郎逯小亮、新娘朱静亚，都是项目部搅拌机操作司机，两个人相识3年多了，从武广客专匆匆来到京沪高铁，之前两人一直考虑结婚的事情，但搅拌站是24 小时不停工作，每天都有搅拌混凝土的任务，搅拌机司机也是两班倒，根本不可能抽出时间专门完成结婚仪式。一拖再拖之后，他们决定在项目部举办婚礼，项目部员工利用工余时间帮着小两口收拾新房，布置新家。而搅拌站会议室也被当成新娘子的娘家。一切都显得比较简单，甚至还有些寒酸。结婚那天，迎亲车辆从项目部浩浩荡荡出发，开向娘家所在地——搅拌站。婚礼的过程简单而热烈，到下午 14 点多，酒足饭饱之后项目部年轻人吵着要闹洞房去。新郎官逯小亮一听，一边摇着手一边忙说：不行、不行，下午桥梁还要打混凝土呢，等会儿就要回去上班的！新娘朱静亚也说：是啊，为了筹备婚礼，昨天都让其他师傅顶了一个班了，等会儿回去要换班的。就这样，他们脱下婚纱换上工装又走上了工作岗位。事后，这小两口说：我们以后的时间很多，可参加京沪线建设一生就这么一次，等京沪线建成了，我们也要坐上高速列车走一走，走到德州境内时，也可以自豪地跟别人说，这一段铁路，是我们亲手修建的，每一方混凝土都有我们的汗水在里面。这场婚礼没有钻戒，没有高档礼服，没有通常意义上需要的很多东西，但这场婚礼却又如此独特，新人们没有豪言壮语，但平淡中又闪耀着无私奉献的光芒。我完全理解并赞赏他们对自己终身大事的处理方式，但当时看了这则报道，还是忍不住心头一酸。

其实，和京沪高铁工地上一样，在其他高铁工地上，类似这样的建设者的故事还有很多很多。乘坐高速铁路出行时，我们体会到的是快速，感受到的是整洁，而支持这一切的都是一年四季都漂泊在工地上的建设者们。高铁梦的实现是他们昼夜奋战的结果。您在乘坐高铁之余，有机会不妨要到正在建设的高铁工地上走一走，看一看，感受一下现场员工的那份辛苦。这样一来，今后再乘坐高铁时，您的感觉一定会和以往迥然不同。

高铁事故倒逼中国高铁梦更加理性

中国高铁曾经经历过一起不堪回首的事故。这次事故发生在国人和媒体热捧高铁的当口，就像冬天兜头浇下来的一桶冷水，把中国铁路人打了一个趔趄。直到今天，说起这起事故来，很多高铁建设者仍然唏嘘不已。这次高铁事故成了高铁建设者圈子里讳莫如深的话题。先让我们一起回忆一下这起事故的整个发生过程和处理结果：

在甬温线浙江省温州市境内，2011年7月23日20时30分05秒，由北京南站开往福州站的D301次列车与杭州站开往福州南站的D3115次列车发生动车组列车追尾事故，造成40人死亡、约200人受伤，中断行车32小时35分，直接经济损失达19371.65万元。事故发生后，党中央、国务院高度重视，要求务必把救人放在至高位置，全力以赴组织好抢险救援工作，同时要尽快查明事故原因，做好善后处理等工作。7月24日上午，时任副总理的张德江率有关方面负责人紧急赶赴事故现场，指导抢险救援、伤员救治、善后处理和事故调查工作。7月25日，国务院批准成立事故调查组。事故调查组聘请了铁路运输、电力、自动化、通信、信号、安全管理、建筑等专业领域的12名专家组成专家组，其中全国人大代表2名、全国政协委员1名、两院院士2名，还邀请最高人民检察院派员参加了事故调查工作。7月28日，时任总理的温家宝专程到事故现场悼念遇难者，亲切慰问遇难者家属和受伤人员，回答中外记者提问，对事故调查工作提出了明确要求。

通过周密细致的现场勘查、检验测试、技术鉴定、调查取证、综合分析和专家论证，国务院事故调查组严格按照科学严谨、依法依规和实事求是的原则，查明“7·23甬温线特别重大铁路交通事故”的原因是：通号集团所属通号设计院在LKD2-T1型列控中心设备研发中管理混乱、履行职责不力，致使研发的LKD2-T1型列控中心设备存在严重设计缺陷和重大安全隐患；同时，铁道部在LKD2-T1型列控中心设备招投标、技术审查、上道使用等方面违规操作、把关不严。当温州南站列控中心采集驱动单元采集电路电源回路中保险管F2遭雷击熔断后，采集数据不再更新，错误地控制轨道电路发码及信号显示，使行车处于危险状态。雷击也是造成5829AG轨道电路发送器与列控中心通信故障的原因之一。因轨道电路发码异常，司机三次转目视行车模式起车受阻，7分40秒后才转目视行车模式，以低于20公里/小时的速度向温州南站缓慢行驶，未能及时驶出5829闭塞分区。因温州南站列控中心未能采集到前行D3115次列车在5829AG区段的占用状态信息，使温州南站列控中心管辖的5829闭塞分区及后续两个闭塞分区防护信号错误地显示绿灯，向D301次列车发送无车占用码，导致D301次列车驶向D3115次列车并发生追尾。上海铁路局有关作业人员安全意识不强，在设备故障发生后，未认真正确履行职责，故障处置工作不妥当，未能起到避免事故发生或减轻事故损失的作用。经调查决定后，通号集团、原铁道

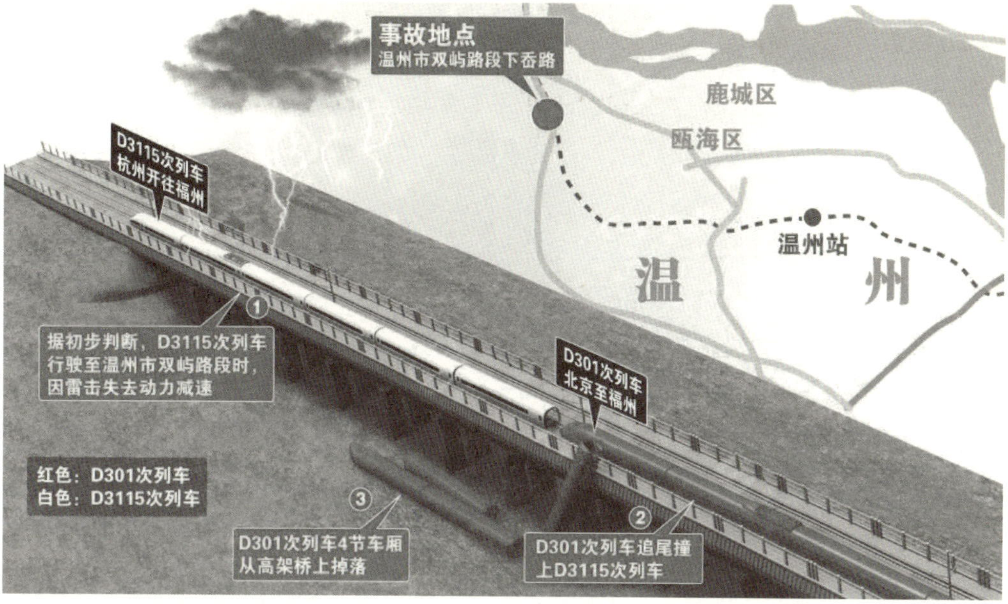

▲ “7·23 甬温线特别重大铁路交通事故”示意图

▲ “7·23 甬温线特别重大铁路交通事故”现场图片

部和上海铁路局相关单位和责任人受到严肃处置。

这起事故，有40人遇难，约200人受伤，是中国铁路史上特别重大的事故。那么多活生生的生命在瞬间消逝，而他们本来并不必离开，想到这些，中国铁路人的心中更是难过不已。看到新闻媒体各种报道中的伤心欲绝的家属，铁路人的心也一同碎了。他们想去宽慰这些失去亲人的人们，但是他们更加不敢刺痛这些人的痛处。那些日子，高铁建设者们的心态往往是既想看媒体报道，又怕看到死伤者家属的悲痛的画面。这种矛盾不已的心情，让他们倍感折磨。虽然他们知道，世界上并没有一种绝对安全的交通方式，但是事故一旦发生，而发生的主体是他们为之工作和奋斗的高铁，就会令他们在内心深处无法面对。他们唯有暗暗发下誓愿，以更加高标准的工作成果来回报信任他们的高铁旅客们。

说起中国高铁，不能不说到这起事故。安全一直是中国铁路的重中之重。因为安全保证着乘客的生命，安全维护着国家的财产。在铁路上工作过的人，都知道安全的无比重要性。回顾这起高铁事故，我仍会回想起当时的惨烈场面和国人对高铁义愤填膺的声讨。记得当时我正有一篇赞颂高铁的短文《飞翔之美》发表在《人民铁道》报《汽笛》副刊上，立即招来了很多读者的跟帖怒骂，有的还贴上我乘坐高铁的照片，对我一并斥责、咒骂。我当时立刻感觉到一种悲凉，一种无处辩解的悲凉。作为铁路人，我最大的悲凉不是读者跟帖骂我个人，而是高铁因此事故从众人仰望的高度一下子跌落谷底。这起事故成了阻碍中国高铁发展的巨大阴影。那一段时间，我在接触铁路技术人员时，他们的心头似乎都压上了一块石头。在我曾工作过的京沪高铁公司和济南铁路局，在我所供职的中国中铁，谈起高铁，人们除了重重地叹息，还有说不出的许多隐痛。高铁是铁路人最值得骄傲的新生子。在京沪高铁施工前夕，从筹备到建设，一晃近二十年过去了，把建设高铁作为奋斗目标的许多工程技术人员，已经从满头黑发的小伙子变成鬓发斑白的中年人了，而他们一直把高铁当作一项割舍不掉的事业，当作他们心灵的寄托。这项事业，凝聚了他们的理想和追求、信任和期待，乃至家人的关怀和骄傲。那段时间，所有的不满和怨恨都涌向铁路部门。对铁路部门的工程技术人员而言，调查事故真相的过程让人饱受煎熬，更多的情形是，铁路技术人员见面了也总是苦笑着相对无言。他们一方面担心自己所负责的工作出现闪失，另一方面则是担心中国高铁事业会从此停滞不前，那将是他们所最不愿意看到的。因为中国高速铁路寄托了几代人的希望和成千上万人的努力啊！上天难道就不给高铁建设者一次改过的机会吗？

而上天永远是公平的。高铁事故虽然一方面给中国旅客带来了前所未有的灾难，但从另一方面看，也为后来的发展提供了前车之鉴。这件让国人无比痛心的事故促成铁路建设者前所未有的大规模和深切的反思。和事故之前铁路人谈起高铁动辄就眉飞色舞不同，经过这起事故，铁路人开始审慎地对待自己的工作，更加严谨地对待每一个环节的技术创新。

这起高铁事故为中国高铁带来了滞后效应，在一定时期内制约了中国高铁的海外发展速度，同时高铁在国内的美誉度也大大下降；而经过这起事故，中国高铁建设者得以利用一段相对长的时间进行反思，严格检讨自己的不足。在高铁事故之后，铁道部组织相关的高铁建设参与者，进行了全面的反思和整顿，重新调整了高铁发展计划，使中国的高铁建设步入了相对谨慎、理性的发展阶段。今天，在我们重新审视这起事故给高铁造成的得失时，也为这起事故能给众多建设者敲响了警钟而略感欣慰。事故诚然绝不是一件好事，但这起事故为中国铁路人带来了内省的契机，这种内省可以帮助人们过滤掉狂热掩盖下的偏失，使得中国高铁建设从此步入一条理性发展的轨道。

在这起事故发生后，中国高铁所带来的对安全问题的担忧，更引发了人们对高新科学技术在社会伦理道德层面进行深刻思考。中国高铁开始让人们冷静反思高铁技术可能造成的危害，也开始理性地审视高铁可能引发的各种社会影响。一时间，高铁事故的发生成为一种“被制造出来的风险”，增加了社会的不安全感，也成为“现代风险社会”的重要现象之一。

中国高速铁路囊括了材料科学、电子信息技术、工程技术、动力控制技术等尖端高新技术领域，并有数万名工程技术、运营管理、信号系统、自动控制等方面的科学技术人员参与了其建设与运营管理过程，也是新中国成立以来启动各类科研机构最多的一项高新科学技术。铁路技术作为一个庞大的高新技术工程，是系统科学技术的集成，在工程建设、机车建造、信号牵引、运输管理等核心技术控制上都具有以往普通铁路所不具备的高新技术综合性集成的特点。

实践证明，在世界高速铁路技术的发展史上，事故总是与速度的提升相伴而生的，后期的事故分析可以促使高速铁路技术获得更完善的改进，这符合高新技术的发展规律。据不完全统计，自高速铁路在世界上建设并投入运营以来，高铁事故并不鲜见，仅近十多年来，就发生过十余起。国内高速铁路自 2008 年开通运行以来，似乎事故不断。而从世界范围看，2005 年 4 月在日本发生的“福知山线脱线事故”尤为惨烈。

2005 年 4 月 25 日，日本铁路公司福知山线列车脱轨惨案，主要是一起为抢回 15 分钟的晚点而导致 107 人死亡、562 人受伤的震惊世界的高铁事故，是日本第四大铁路交通安全事故。该起事故发生在兵库县尼崎市，共有 7 节车厢、载有 680 多名乘客的事故车辆在其前一个车站停车时曾经超出了规定停车位置 40 米，于是司机倒车将车停到正常位置后再让乘客上下车，这样，重新发车的时间就比规定的时间晚了 15 分钟。为了将耽误的时间抢回来，23 岁的年轻司机在发车后迅速将时速提高，以至于在即将进入弯道前仍然保持时速 108 公里的超速行驶状态，而通过这个半径为 30 米的右弯道时的限速是 70 公里/小时，司机不得不在此时急踩制动器，于是惨剧就在这一瞬间发生了。失控车辆的第 1 节车厢在只有左侧车轮着轨的高速行驶状态中一边侧翻一边冲进了 6 米外的 9 层公寓楼的停车场，第 2 到第 5 节车厢也相继出轨，第 2 节车厢被拦腰折断似的与公寓楼贴在一起。事故不仅由于 5 节车厢脱轨导致乘客的惨重伤亡，而且对除乘客以外的该公寓楼居民的身心造成了严重伤害，对其今后生活造成严重影响。可以说，该起事故的发生，不仅造成了日本铁路安全神话破灭的危机，更给人们留下在安全管理、生产计划管理和员工精神压力管理等方面的严重忧虑及沉重的话题。它们不仅是日本而且是世界各国，不仅是铁路运输行业而且是所有行业都不得不重新进行自我审视的重要问题。

自有高铁以来，和普通铁路一样，高铁事故在各国都有发生（此处丝毫没有为中国高铁辩白的意思），高铁运营引发人们对乘客安全的担忧是可以理解的。而高铁速度之快和高铁动车车厢之间连接之严密，更为旅客的自救带来困难，所以高铁安全最直接影响旅客安全。目前，中国高速铁路动车运行的速度，一般时速在 200 公里至 350 公里之间，在这种情况下行驶的列车，假如缺少可靠的安全控制措施，一旦发生重大突发性事故，必然会具有比飞机发生事故时更难以自救的特点。同时，高铁沿途地理环境的复杂性，也提高了事故救援的复杂程度。如果在居住区或者山区地带发生事故，其后果将更是灾难性的。另外，中国高速铁路的安全隐患不仅仅只在于运营技术本身。高铁事故调查报告表明：“7·23 甬温线特别重大铁路交通事故”是一起因列控中心设备存在严重设计缺陷、上道使用审查把关不严、雷击导致设备故障后应急处置不力等因素造成的责任事故。中国高铁工程建设的快速化建设模式，导致勘探的全面性不足与快速工程设计的隐性缺陷，将可能引发更大范围的工程隐患，进而发生事故。尤其是在高铁运营一段时间后，使用过程中不均匀沉降的形成、设计缺陷和因施工质量导致的线路的不平顺性，都有可能成为破坏高速铁路运营安全的杀手。在梅雨季节等非正常天气，这些情况诱发事故的可能性将进一步加大。

高速铁路的安全问题不仅密切联系着乘客，也有向沿线机构、民众延伸的可能。首先，事故本身造成的延伸事故可能波及事故发生地的沿线机构、居民；其次，高速铁路本身假如防护不到位，还会形成噪音污染、光污染、电磁辐射污染等问题，也会影响沿线民众的正常生活。随着民众对生活质量标准化和健康控制指标的认识，以及对绿色生活的渴望，这些问题的长期积聚，将会导致邻近高铁沿线的公众的安全危机感逐步增强，也会随着民众对环境质量要求的逐年提高而形成渐积性问题，进而可能引发居住在高铁沿线民众的恐惧与排斥。

回忆世界高速铁路技术发展的历程，我们收获了遭遇事故的悲凄、成功之时的喜悦，也收获了高铁发展之路上的有益经验，特别是事故发生后的应对措施，更是给予我国高铁发展不少启示。日本和法国自高速铁路运营以来，从未发生过因高速技术本身造成的行车事故，这大大增强了旅客乘车旅行的安全感。从技术伦理的层面来看，取得成功的重要原因在于对技术伦理、责任伦理的强调和关注。

日本是高速铁路技术发展的先驱，在列车运行速度、安全性和服务质量等方面更居世界前列，高速铁路技术的发展也因此为日本社会带来了良好的经济和社会效益。日本新干线作为世界上第一条高速铁路，自 1964 年 10 月 1 日开始运行以来，缔造了“零死亡”的安全神话，47 年来从未发生过一起人员死亡事故。日本在列车安全运行方面的巨大进步主要得益于两个基本原则：第一，“凡是涉及安全运行的关键地方尽量排除人的介入而由机器自动操作”；第二，“绝对不允许同样的事故发生第二次”。

从伦理的角度来看，日本新干线的成功，主要得益于以下因素：一是技术层面上的高安全水准与人性化设计。日本新干线最吸人眼球的就是速度极快，在拐弯之时靠倾斜车体保持平衡，既听不到车轮和铁轨的摩擦声，也没有因路基不平而产生明显震动。同时，日本新干线的设施在设计阶段已经注意到人性化，车内干净而舒适，特别是厕所设计方面，采用循环利用的理念，水可以循环使用，排泄物经干燥处理后直接用作肥料，既节约用水，又保护环境。二是配套的安全保障设施。日本高速铁路运行的安全性保障，与其在安全方面所采取的相关措施是密不可分的。如在新干线路基的两条路轨之间安装“防止脱轨装置”，以防止列车脱轨和颠覆。又如，新干线铁道全部不设置道口，线路上不设置红绿灯，在靠近车站处设安全栅栏等等。另外，还特别注意驾驶员的安全意识教育。三是严格的事后反省，绝不允许同样的错误再次发生。新干线在近50年的运营过程中，形成了一种独特的铁路安全文化。即一旦发生事故，铁道部门就会进行深入的安全调查和责任反省，彻查事故原因，并提出相应的解决措施，绝对不允许同样的事故再次发生。这些措施中既包括技术层面的改进完善，也有政策法律层面的预防。甚至在《新干线特例法》中，对于各种妨碍新干线运行的行为做出了严厉的处罚规定，从而避免了行人卧轨自杀而导致的安全事故。四是注重驾驶员的安全意识教育。日本的铁道部门特别注重对驾驶人员的安全意识教育，除学校教育外，在工作中，由于安全意识淡漠而出现不负责任行为的人员，会遭受严厉惩处。

法国的TGV高速铁路是1981年通车的，至今已运营了30多年。在这一过程中，法国高速铁路不仅创造了在高速运行中“零死亡”的纪录，更秉持了一种人性化、重伦理的发展之路。从伦理层面来看，法国高速铁路的发展主要有如下特征：一是安全优先。即在速度与安全之间，安全第一，兼顾速度。在技术层面，法国高速列车采用动力集中方式，保障了其在运行速度方面的高时速，如法国国有铁路公司最新研发的高速列车在2011年4月3日的行驶试验中已达到近575公里的测试时速，可谓破当时世界纪录的试验列车；然而，在实际运行中，法国高速列车的平均时速只有260公里左右，这鲜明地体现了法国高铁在运行过程中的安全优先原则。二是铁路标准化。法国的“铁路标准协会（BNF）”制定了火车运行中的各项规章制度，它在通用性、系统性与逻辑性、前瞻性与先进性、理论性与实用性、严谨性与灵活性等方面，都达到了相当高的水平，成为法国高铁安全、可靠运营的坚实基础。三是人性化的购票渠道。法国高速列车实行多渠道的购票方式，既可以在国有铁路公司的售票网点购买，也可以直接到火车站的售票窗口或自动售票终端机上购买。甚至在一些大超市里，也设有自动售票终端机。另外还有网上订票、短信购票等方式（当然，这些，中国铁路现在也已经做到了）。四是注重生态环境问题。法国高速铁路在建设和运营过程中特别注重对环境的保护,如确保农业经营不被隔断;负责出资重建被干扰或阻断的排灌系统、地方道路等;恢复采料场和储料场的农业价值;保护植物、野生动物和水源,并使铁路路基与周边景色相融合;注重沿线历史古迹和考古遗迹的调查、发掘;尽力避免、控制噪音和震动的影响;注意施工过程中的环保问题,并使环保成本控制在12%-15%左右。此外,有效的改革与安全监管措施,对新线路的长期试运行以及严格的上岗培训,也是法国高速铁路"零死亡"的重要原因。

世界高速铁路尽管已有近 50 年的应用发展历程, 但人们对逐渐提升的速度控制技术仍然不能做到完全掌控。一方面,运营经验的积累为高铁技术的安全应用提供了保障;但另一方面,高铁技术在不同国家发展的具体情况又使其运营安全具有自身的特点。不断提高的高速铁路速度很难通过有限的试验而保证其在各种气候及地质条件下的安全可靠运行,这是科学技术的试错性特点决定的。因此,材料因素、环境因素、人文因素和科技体制等因素的影响,都可能扩大高速铁路运营安全的硬件、软件设施存在的不足而导致安全隐患。而中国高铁技术虽因引进技术的及时性和全面性节省了科研的时间,自主创新程度的提高亦为其赢得了一定的安全度,但毕竟发展时间短,作为系统工程技术,其中不可避免地所存在专业技术的疏漏以及各个技术专业之间的缜密性欠佳和协调性不周等问题。

中国高速铁路的发展之路颇为坎坷。"7·23 甬温线特别重大铁路交通事故"发生后,社会各界均投入高度关注,有人怀疑中国高铁技术的先进性与成熟性,有矛头指向政企不分、集权式的铁路管理体制及其导致的腐败问题,有的人则干脆归咎于老天爷——雷电导致故障。可以说,从官方到学界再到民间,从国内到国外,各个阶层、各个领域都在讨论事故发生的原因,不仅造成了社会对于高铁安全性的担忧,在伦理道德层面,更是引发了人们对于高速铁路发展的更多思考。

国务院调查组、国家安监局、原铁道部等官方部门在后期的原因调查中一致认为,事故发生的原因既有设计上的技术性缺陷,也有监管方面的管理问题,两者都是主要诱因。2011 年 12 月 28 日发布的"7·23 甬温线特别重大铁路交通事故"调查报告,明确将此次事故定位为"一起因列控中心设备存在严重设计缺陷、上道使用审查把关不严、雷击导致设备故障后应急处置不力等因素造成的责任事故", 并将事故原因归结为通信信号集团公司所属通信信号研究设计院在列控中心设备招投标、技术审查、上道使用等方面的违规操作、把关不严。

任何科学技术都是在发展的过程中逐渐获得完善的，人类也正是在这个意义上不断寻求自身的发展和完善的。在这一意义上，高铁所引发的安全忧患与可能的伦理后果，既给高速铁路的未来发展带来了挑战，也为其指明了发展方向。能否在受益与风险之间寻找一种平衡，提高高铁运营的安全性，减轻民众对高铁安全性的担忧，直接关系到高铁今后的发展。对于高铁的发展，我们既不可像以往一样只一味地追求“高速度”，更不可因噎废食，止步不前。正确的态度是，总结经验与教训，对比自身历史和高铁发展史，不断学习国外发达国家的成功经验，以一种谦虚、谨慎、人性化的态度发展高铁。从伦理的角度来考量，中国高速铁路的未来发展，至少应关注以下问题：

质量与安全是高铁技术发展过程中首先需要认真对待的问题。高速度是高速铁路区别于传统铁路的首要特色，但是，在追求高速度的同时，也不可忽略安全方面的考量，切忌以安全换取速度的错误。世界高速铁路的发展历程一再表明，速度的提升必须在保障安全的前提下才是可取的。因此，作为一项系统性、综合性的技术工程活动，中国高铁技术的未来发展首先必须关注高铁技术自身的质量，注意高铁建设与发展过程中的安全性，在技术层面和管理层面都严把安全关，确保其严格符合相关的技术标准与管理标准等。高铁的发展，技术是基础，也是关键。而前期科研投入量加大，试验的反复性增加，是确保技术可靠性的关键环节。

增强所有高铁工作人员的责任意识，是高速列车安全运营的根本保障之一。高速铁路的健康发展，除需要技术层面上的安全保障外，高铁工作人员的安全责任意识也非常重要。关于“7·23 甬温线特别重大铁路交通事故”的各种讨论中，责任意识的匮乏被认为是导致事故的主要原因，也表明了高铁运行中责任意识的重要性。高速铁路的建设运营过程，是一个涉及多元责任主体的综合过程，涉及决策者的责任、设计人员的责任、工程承包者的责任、运营信号操控者的责任、列车驾驶员的责任等。在高铁建设过程中，决策者、设计者、工程人员是责任主体；在运营阶段，调度员、驾驶员则肩负着列车运行安全的大部分责任。也正因如此，日本、德国等国家在高速铁路的发展过程中，都非常重视对驾驶员等主要操控者及其他相关人员的安全意识教育。中国高速铁路的未来发展，也应特别注意增强高铁工作人员特别是驾驶员的责任意识和安全意识，培养高铁工作人员对于生命的尊重，树立起“生命高于一切”的意识。

政治、经济与社会利益之间的协调，是高速铁路健康发展的基础。高速铁路的建设和运行是一项极为复杂的社会工程，既涉及政治层面的考量，也牵涉大量的企业，更与社会大众的切身利益息息相关。在政治层面，高铁的发展除国家利益的政治性考量外，也涉及不同层级政府的部门利益，甚至不同个人的自身利益；在经济利益问题上，它不仅关系到铁路相关配套企业、铁路沿线企业的发展，也涉及沿线居民的经济权益的保障问题；在社会层面，也存在着社会公共利益与铁路系统的部门利益之间的协调等诸多问题。因此，处理、协调好相关的不同利益群体之间的利益，确保利益分配的公平、公正性，不仅关系到高速铁路的健康发展，也关乎社会的稳定。

高铁的发展是社会进步的表现，它也确实为社会带来了不少的便利与好处，曾深得国人的赞美和外国政要的推崇，提升了民众的民族自信心和自豪感。然而，高铁事故所引发的深层次思考，对高铁未来发展提出要求，防患于未然，始终是我们应该采取的态度。中国高铁技术的发展是人们为满足自身需要和追求进步而为之不懈努力、自主创新的结果，但并不是可以按照人的主观愿望而向着美好的一面无限发展下去的。在伦理原则的指引下理性发展高铁技术，关注民众安全和环境、文化生态，注重高铁技术对自然、人文社会环境的影响，合理协调政治、经济与科技发展之间的关系，寻求更好的伦理发展空间，既不一味推崇，也不全盘否定，恰如其分地审度问题，找出切实有效的措施确保高铁安全、可控，应该是当前和今后一段时期中国高速铁路发展的必由之路。人们期待未来的中国高铁，成为最安全的交通工具。

可以看出，中国高铁事故的发生对中国高速铁路未来发展产生了极其深远的影响。事故的残酷性，一方面使国人对高铁的态度从开始的盲目狂热到事故发生后的诅咒恐惧，最后回归到冷静客观；另一方面也从理性高度催促高铁建设者尽快提升自我推进高铁技术创新的能力，这也许是高铁事故对中国高铁发展最深刻的提醒吧！

高铁催生创新奇迹

中国是诞生四大发明的国家，中国人绝不笨。曾有人用“李约瑟问题”来追问中国近代以来的落后，实际上这是一个伪命题。中国是个泱泱大国，自古雄才辈出，但往往缺少触点和催化剂。对高铁而言，它犹如一个催化剂，把中国人的创新意识推向了极致。

长客股份公司打造创新热土

自从长春轨道客车股份有限公司制造的中国第一台铁路车辆在1971年走出国门后，长客公司已先后向伊朗、东南亚、澳大利亚、沙特阿拉伯和中国香港等国家和地区输出过产品。在获得巴西地铁第四单后，又包揽了巴西用于2014年世界杯和2016年奥运会的全部车辆订单，再次成为奥运轨道交通车辆的独家供应商。CRH3A型动车组精彩问世，CRH380CL型动车组完美上线，CRH380B型高寒动车组成为世界高寒高铁领域内的明星产品，高速动车组技术引进消化吸收再创新取得了可观效益。

是什么让如此多的经营奇迹发生在长客股份？是什么支撑了一个企业在困难条件下的快速发展？长客股份逆境中前进的动力来自何方？

走进长客股份，人们会感受到一种机制、一种文化、一种奋发向上的工作热情带来的创新氛围和不断开拓进取的精神。这里是一块创新发展的热土，这里有矢志创新进步的长客人。

长客股份作为世界知名企业和国内行业龙头，一直致力于引导中国轨道交通装备现代化的技术创新实践，并在这种实践中形成了适应行业发展趋势，切合企业发展实际，符合市场不断提升的需求的技术创新机制。多年来，这种机制有效地引导着全体员工立足岗位，积极创新，不断进取，通过有效机制推动，形成了全员创新、人人争先的发展局面。

企业发展战略主导着技术创新。以“接轨世界、牵引未来”、“建设世界一流的轨道客车制造企业”为发展目标，长客股份始终坚持科技进步、技术创新，以扎实有效的技术进步与创新实践，为实现企业发展战略做出了积极努力。公司以国家级技术中心为载体，形成了技术创新管理的制度体系；以科技开发项目为抓手，形成了创新资源利用、产品技术管理、科技成果管理等配套制度及产品技术研发体系。公司以铁路客车开发部、城铁客车开发部、转向架开发部为产品研发龙头，以国家高速动车组工程实验中心为研发保障，一大批在国内外轨道交通装备领域产生重大影响的新产品不断在这种体系运作下问世。公司已经拥有四个高速动车组研发平台，研发出时速250公里、300公里及以上速度等级的CRH5、CRH380B、CRH380C、CRH3A系列高速动车组，在技术性能、运行质量、技术型维护等多方面，走在我国运营高速动车组前列。尤其是CRH380B型高寒动车组，更是国内唯一适应高寒地区运营的明星产品。长客股份还是世界上为数不多的能以技术进步适应所有材质、所有轨道运营模式、所有牵引制动方式要求的全能型城铁车辆研发企业，成为世界上知名的城铁车辆供应商。长客股份既满足国内外市场的多样化需求，也开辟了企业快速进步发展的巨大空间。

人才永远是一个企业的核心，任何工作，都需要相应的人才来完成。长客股份的人力资源管理部门，从企业的需要出发，瞄准科技进步、技术创新，配置高端技术、管理、贸易、外语与操作人才，使公司的专业技术队伍与高技能人才队伍素质得到了极大提升。他们引进了30多名博士、400多名硕士，充实了推动技术创新的高端人才队伍；建立完善了人才激励与培养机制，根据企业需要通过相应制度规定，配置特殊需要的人才；还出台了外语人才特殊奖励政策，不同水平与级别的外语人才可获得每月300至1000元的特别职务津贴；每两年考核评聘一次的公司拔尖人才，专家、主审、高级技师、操作师也都享受特殊岗位津贴，以制度保持了特殊人才队伍的稳定，鼓励专家人才成为企业技术进步的中坚力量。

工会曾经是企业最活跃的部门，后来因为各种原因，许多企业的工会慢慢流于形式。长客股份的工会是实打实地做事的，他们依靠多年来组织发动群众、开展活动等多方面的综合优势，搭建了各种调动职工积极性、引导技术创新的平台，成为拉动技术创新的重要力量。工会每年组织一次涵盖公司技术开发、经营管理、质量保障、生产组织、生产车间等所有生产经营系统岗位的职工技能竞赛，通过技术培训、练兵比武，让每一个岗位职工都成为懂创新、能创新、会创新的独立单元；通过以立项攻关、五小发明活动等为重要内容的职工经济技术创新活动，为每一位岗位职工创造在技术创新过程中攻坚夺隘的机会；通过抓好立项评审、成果评审两大环节，促进职工经济技术创新成果快速转化；通过持续实施正向激励，以工人名字命名操作法；可视化管理职工个人创新荣誉；推荐创新先进个人成为劳模、先进；加大创新成果奖励，如每年经济技术创新奖励投入高达600多万元，一系列正向激励措施，使职工经济技术创新成为推动公司科技进步的重要力量。五年多来，在工会组织的经济技术创新平台上，实施立项攻关3500多次，逾千人次工人技师参加“献一个绝招，攻一项难关，带一名高徒”的“三个一”活动，实现带高徒1500余人次，攻难关1500余项，献绝招1000多项；平均每年收到论文200多篇，年均评出设计之星100多人次；一大批技术创新能力强的科技人员、能工巧匠在职工经济技术创新和岗位技能竞赛的平台上成长起来，在不同的领域和岗位发挥了不可小觑的重要作用。至此，人才的能力真正地得到了切实的发挥。

鼓励和引导创新，支持和帮助创新，是长客股份的传统，正是这种企业文化在激励和引导职工创新方面发挥了重要的作用。

在长客股份，创新不论学历，不问出身，不讲尊卑。只要有真才实学，只要能创造价值，就能得到认可和尊敬。2013年4月，负责国家工程实验室尖端实验项目研究的公司基础研发部的14位博士、硕士，在副部长滕万秀带领下来到动力厂国家技能大师罗昭强工作室，向只有技校学历的高级工人技师罗昭强学习创新理念和思路，了解他的创新项目，学习他的创新方法，共同探讨正向驱动试验技术开发等相关问题。艾新桥博士听了罗昭强的事迹，并和他现场交流后十分感慨，他说，没想到一个立志钻研的普通工人这么牛，有这么高的技术水平，这么深的理论造诣。他希望有机会能和罗昭强一起研究正向驱动技术，在填补国家空白的高端技术领域，融入工人的创新思维。其他高学历人才也被罗昭强的能力和水平所折服，纷纷表示要在今后的工作中，向工人师傅学习，向实践学习，收获更多高水平的研究成果。基础研发部的领导当场表示，将吸收罗昭强参加重大项目开发研究，只要愿意，他可以参加国家实验室正在研究的任何项目。

重视一线工人是长客股份的传统，它重视与一线工人结对创新，为一线工人总结操作法，将工人的创新成果进行理论化总结。上世纪90年代初，《工人日报》就曾在头版头条报道过长客股份组织技术人员与工人技师结成帮学对子，为优秀工人总结操作法和革新成果，帮他们著书立说的先进事迹。在建设世界一流轨道客车制造企业的过程中，长客股份发扬这一光荣传统，由主管工艺技术的工业化部牵头，首批组织200多名工艺技术人员与全公司1700多个生产工序之间，确立了工序包保与自保关系，开展了“工艺工序负责制”推进竞赛。工艺人员在和工人结对生产实践中，发掘了工人的创新成果和具有推广价值的优秀操作法，帮助他们总结提炼和升华，使之成为更高层次的创新成果，有效带动了立项攻关、五小成果和先进操作法的发掘总结和工艺技术的开发。仅2012年，工业化部就帮助一线工人总结并推荐申报国家专利29项，其中19项工人专利通过了专利律师复审，推荐合格率达到90%。

与一线工人结对创新，不但帮助一线工人提高了层次，也帮助专业技术人员加快了项目研究进度，提高了研究水平。焊接博士张欣盟与一线焊接工人结对，研究出口澳大利亚的双层不锈钢动车组的“大吸能”装置焊接。工人师傅按照张欣盟的指导开展国际领先的TIG/TIP焊接技术施焊，有效提高了工作效率，保证了产品质量与合格率。而张欣盟也在工人师傅的帮助和配合下，加快了研究进度，他天天和工人师傅一起，指导他们应用新技术，同时向工人师傅学习焊接技能和窍门，不过两个多月，这项困扰企业多年的“大吸能”焊接难题就被这对博士和工人组合解决了。全国劳动模范、高级工人技师、国家机械手焊接技能大师工作室负责人谢元立，也率他的机械手班与焊接博士段珍珍结对，共同研究高速MAG焊与激光复合焊等前沿焊接技术，开始了高技能工人问鼎高端技术的可贵实践。博士何广忠、刘杰、王洪潇和一大批高学历人才，也都与一线工人有密切的合作关系，这成为长客股份高水平技术创新的坚实基础。

鼓励创新、创新光荣正成为长客股份独特的文化现象。这家公司注重创新文化的培育和创新氛围的营造，以此来影响和带动更多的职工成为企业创新活动的主体。对此，他们还积极地想出各种办法。每个月，战略管理部都联合工会与企业文化部走进基层，带着证书和奖励，到岗位上去推介上报并评选出来的精益改善项目，既表彰了精益改善者，也有效营造了氛围，让更多的人走进改革创新的行列。企业文化部则利用小故事这一文化形式，组织编写和讲述技术创新题材的小故事，让身边人讲身边事的故事演讲深入人心，“巅峰时刻”、“4天和15分钟”、“太阳车终结者”、“苦难是一种财富”等小故事的主人公，已经成为长客人耳熟能详的创新榜样。

在良好的创新文化熏陶与创新环境影响下，长客股份的高水平创新人才比比皆是。从国家工程实验室主管不同研究方向课题的高学历人才，到扎根在基层、掌管四个国家级技能大师工作室的高技能人才；从技术研发部门埋头研究、艰苦实践的技术人员，到基层一线立足岗位、锐意创新的普通职工，他们共同撑起了中国轨道交通装备现代化的千秋功业。

让我们来看看博士后马梦林的学子梦。基础研发部国家工程实验室分析实

▲ 生产线上的成千上万个部件，都是经过严格检测方能出厂的，乘客的安全系于此处。

验室主任马梦林，是一个对事业有着辉煌梦想的人，为了实现这些梦想，她同时扮演着不同的人生角色。在冲刺高端的世界级试验平台上，马梦林是胸有百万兵的沙场老将。2011 年 5 月 22 日，在自己亲自监工搭建的车体试验台上，她沉着镇定，指挥执行北美车体制造标准的巴西 EMU 动车组创造了加载压缩载荷 363 吨的世界纪录。这在国内是闻所未闻的，也是长客近六十年的造车历史上绝无仅有的一次。在获取关键数据的京沪线上，马博士是融入团队的可亲的大姐，关心爱护着团队的每个人。京沪高铁开通后，马梦林带领技术团队积极拓展现有设备功能，将静态采集设备应用到线路搭载试验中，对 380BL 动车组型式试验进行动应力测试，这是国内唯一的完全由企业团队开展的线路研究试验。背着成卷的电线，带着各式各样的传感器，扛着必要的检测仪器和设备，马梦林和同事们日夜奔忙在京沪线上。可以提供给他们做工作模态测试的运营动车组通常都是不确定的，经常是接到通知就要马上上车，既来不及准备，也来不及买票。往往是接到通知，马梦林就要立刻和同事们一起，背起大大小小的包裹，以随车添乘的身份登车。没有固定座位，列车端部的通过台几乎成了他们的专属位置。找到不开启车门的一侧，马博士和小伙子们一样席地而坐，或继续车下未完成的研究讨论，或天南地北地神聊海侃，或嬉笑着和大家一起拱猪、斗地主……在世界纬度最高的哈大高寒高速铁路上，马梦林是流血不流泪的女豪杰。2012年12月1日，380B型高寒高速动车组正式在哈大铁路线上运营，演绎了“中国创造”的又一段惊世传奇。老天好像故意要考考长客研制的高寒高速动车组，2012年的冬天冷得出奇。入冬以来总计40多场雪，加上40多年不遇的低温，为来这里获取动车组端部异常振动数据的马梦林小组增添了许多困难。为了在动车组待检间隙获取关键数据，马梦林和同事们一起在刚从-40℃以下低温的高铁线上归来的动车转向架上取试验片，像同事们一样，拿着壁纸刀仔细撬起一个个紧贴在冻透了的转向架上的传感器，一会儿手就被冻得没知觉了，连手指被划了个口子都不知道，直到取完试验片才到医院把手指结结实实地缝了4针……

这些年来，长客股份的成绩是扎扎实实的，他们为国家创汇、为企业增光的努力是实实在在的，长客人用自己的实际行动表明了经济奇迹的发生，是与人才和创新有着最紧密的联系的。21世纪，最宝贵的，肯定是人才。

融入人文关怀的高铁创新

在中国大地上游走的时候，我总会不自觉地比较各种动车组的乘坐舒适度，从中得出属于自己的结论。这次，在采访中国南车集团和北车集团期间，我发现所有的动车组无一例外地在创新中都融入了中国元素。其中，人性化的旅客界面是颇具中国特色的改进。仅仅以中国北车唐车公司为例，他们对动车车厢的多项改进终于使其舒适性体现到各种细节设计制造上，堪称世界一流。

通过在人机界面上进行深入研究，为旅客提供舒适方便的乘车环境，让中国高速动车组更具有现代化气息和时代感。旅客界面不仅多样化，而且还满足了个性化需求。在设计中，应用人体工程学理论与方法，采用工业造型设计和环境艺术设计，充分利用有限的三维空间，合理布置功能空间的平面与立体布局，并提供便捷舒适的服务设施，大大提升了旅客乘坐舒适度。不知道是否有人注意到，为满足特殊群体的需求，列车上还设有适合残疾人的乘坐区、卫生间和轮椅无障碍通道。各车厢设置了卫生间、洗脸间、大件行李存放处、电开水炉等等，在设置数量、面积上均有较大程度的提高。

中国北车唐车公司设计生产的CRH380BL动车组列车上设有一等座车厢、二等座车厢、商务座车厢、餐车厢，并设有两个VIP观光区。紧邻司机室的两个VIP观光区，每个区设两个与商务车内相同的高级可躺式座椅、3个高档沙发、高级“电子幕帘”、多功能边柜等设施。观光区整体区域设计简约、明快，色调和谐，更显舒适宽敞，富有浓郁的现代气息。位于司机室和观光区之间，选用特殊工艺处理的“电子幕帘”玻璃，可以接受人为控制实现“雾透转换”。在通电之前为水雾玻璃，磨砂不透明显示效果；当旅客按动通电按钮后，玻璃的水雾层立即消失，旅客可以观看司机驾驶列车，并处于司机的视角观看列车运行。多功能边柜分列左右两侧，为旅客提供折叠桌、书报架、电视等功能设施，为旅客休闲、就餐提供了方便。

另外，中国北车唐车公司CRH380BL动车组内的卫生间也是一大特色。每节车厢的两个卫生间的内部空间比以往的标准卫生间大且显高档，尤其是细节处理十分到位，充分体现人性化。

商务车内的座椅采用高档真皮蒙面，带有宽大的私密罩壳，具备一定的私密空间，受外界影响小。同时每个座椅都设有电视、小桌板、电源插座、阅读灯等配套设备，满足乘客旅途休息、娱乐、就餐及办公等需求。它位于列车第3节车厢，设置了24个红色可躺可旋转软席座椅，一排3座，分为单人座椅和双人座椅两种，坐、躺任意切换，还可以通过手动方式实现整体180度旋转，变换座椅朝向。区别于其他车厢的是，在商务车厢的一端，设有服务呼叫显示屏和一个开放式小厨房，旅客按动座椅上的服务呼叫按钮后，在车厢一端的乘务员就可以通过显示屏看到哪位旅客需要帮助。

小厨房内有微波炉、小冰箱、洗手池和两个橱柜，方便乘务员或旅客在此处洗漱、进行食物的简单加工等。

中国北车唐车公司CRH380BL动车组一等座车厢分布在第1、2、4、16号车厢，共186个座椅，一排4座，红色座套引入“中国红”文化元素。每个座椅一侧的车体上方行李架根部，都有阅读灯，窗帘为上下拉动形式，座椅可以调整倾斜度，也一改传统列车上的设置。在车厢内设置了有两个坐便式卫生间和一个饮水处。二等座车厢共有791个座椅，分为双人座椅和三人座椅，座套为蓝色，靠近中间过道的座椅上都有固定扶手，座椅间是可收放扶手，对旅客在列车行进中胳膊的舒适度进行了认真地人性化处理。

该动车组列车设独立餐车，位于第9节车厢，共38个二等座椅，每4个座椅共享1个餐桌，座椅采用进口面料，防滑舒适。餐车还设置了1个长吧台，旅客可以靠在车厢边上,边喝饮料边交谈。大吧台还可供乘务员使用,吧台内有6台微波炉、1个7开门大冰箱和6辆送餐小车,餐车无明火,不设炉灶,食物全冷链储存和配送,采用微波炉加热餐食,厨房内电烤箱、冷藏柜、消毒柜、保温柜、垃圾箱等等一应俱全。乘务员们可以利用这里现代化的设施为旅客供餐。

该动车组列车还专为残疾人设置了乘坐区,设有残疾人卫生间和轮椅无障碍通道。靠近车端的残疾人乘坐区可将残疾人乘坐的轮椅与车体固定起来,乘务人员可以更加方便地照顾残疾人士,为他们提供必要的服务和帮助;残疾人卫生间设有低位的自动开关门锁按钮,配有带扶手的残疾人专用坐便器;餐车车厢的一端还有婴儿护理台、专用洗脸池等服务设施。

列车运行中,乘客根本意识不到列车正呼啸着奔驰在中国的大地上。这种减震效果是考核列车舒适性的标准,列车运行的平稳主要看它的转向架和车体中心位置。CRH380BL动车组转向架分为动车转向架和拖车转向架两种,相当于人的两条腿。转向架性能决定高速列车是否可以跑得稳、跑得安全、跑得舒适,16节编组的CRH380BL动车组有8节动车、8节拖车,动力配置非常均匀。

看上去平直的铁轨实际上无法做到完全平直,会有微小的弯曲,列车运行时会做“蛇形运动”。研发人员对车底悬挂系统进行升级,为CRH380BL动车组列车加装了抗蛇行减震器,在车体和转向架之间采用了可以实时调节的空气弹簧,转向架采用了弹性车轮技术,解决了偏离和摇晃的“蛇形运动”的稳定性问题。

从设计到制造的每一环节,CRH380BL动车组每节车厢的重心位置都被严格控制。列车生产中,从车体、组装到完成调试出厂,前后要经过三道称重检测关,保证每节车厢四角重量均匀,实际重心与理论重心相吻合,任意两点的误差不会超过一瓶啤酒的重量,载荷分布均匀,确保了列车高速运行时,车体不会发生大幅摇摆和振动。当CRH380BL动车组以时速350公里直线运行时,桌面上九成满的水杯里的水甚至看不到晃动,如果将一根香烟直立在小餐桌上,8分钟都不会倒。这样的振动幅度和振动频率对人体几乎没有影响,乘客会明显感到很舒适。

当CRH380BL动车组以时速350公里高速运行时,车外的风力达到12级左右,会带来山呼海啸般的噪声,但是动车组车内,一等座车厢噪声不超过65分贝,二等座车厢不超过68分贝,而一只蚊子飞过的声音大概也只有40分贝

▲ 运行在京津城际铁路上由唐车公司设计制造的 CRH3 型动车组，掀开了中国高速铁路运营的序幕。

左右，65 分贝也就是普通室内谈话的音量。从车体外部喷涂的阻尼材料，到车内顶板、墙板、地板的隔声减震结构以及大量新型隔声材料的运用，通过充分的试验，可使车内噪声降低 0.5 分贝。而这通常需要在几十种材料之间反复试验比选，最终才能达到预期的目标。中国北车唐车公司依据京津、武广高铁典型无砟轨道实测轨道谱和车辆振动响应特征，通过对车体的整体刚度—质量分布进行优化匹配，运用动力学与振动模态分析方法，使车体整体和局部均具有合理的模态参数，避免车体与转向架激扰产生共振、车体局部产生颤振和声振耦合，确保旅客舒适度要求。此外，新型隔声结构、高性能隔声地板、弹性阻尼接口结构等方式，也有效地降低了车内的振动与噪声，保证了 CRH380BL 动车组运行时车内环境的舒适。即便在两列车高速会车时，车内乘客也感觉不到变化，其中所凝聚的工程技术人员所付出的努力可想而知。

中国北车唐车公司 CRH380BL 动车组宽敞的车身，使人们在长时间旅行途中不会感到压抑、紧张。该列车采用宽型车体结构，车体宽度达3000多毫米。列车内部用玻璃隔断，具有通透的视觉效果，视野开阔；巧妙分布的隐形照明系统、多媒体影视系统，将车厢装饰得现代感十足。此外，车厢在陈设上也下足了功夫，特别采用了充满时尚感的松软的座椅，显得舒适而富有现代感，座椅还可180度旋转并独立调节斜度。虽然CRH380BL动车组运行速度远远快于F1赛车，但动车组内的车窗玻璃经过特殊处理后，不仅有极高的强度，而且由于玻璃内外两个平面保持着极高的平顺度，光线通过玻璃的折射均匀，旅客不会产生视觉误差，喜爱看风景的旅客可以尽情享受车窗外的风景带来的美妙感受。

作为世界上最先进、最快速的车型，CRH380BL“和谐”号动车组不但速度快，而且工艺精湛，深刻体现了“以人为本”的设计理念。列车上卫生间设有婴儿护理桌，洗漱台可以感应出水，充分体现了贴合旅客需求的设计。为方便旅客书写或放置东西，座椅扶手内配备了可折叠的茶几，座椅上方的磨砂玻璃材质航空行李架设计也十分新颖。此外，技术人员还对旅客服务系统进行了全面创新设计。在二等座车厢内增加了6台液晶电视，座椅下方增加了大量电源插座；一等车厢内的座椅扶手下方安装了车内视听系统，不仅安装了耳机插孔，还增加了音量调节按钮等，使旅客可以戴着耳机看电视，互不干扰。

每一位动车组乘客，或许无法评判技术的好坏；但是对于乘坐是否舒服，是有着最权威的发言权的。就此而言，所有的功夫都不是白下的。无论是中国南车集团长客公司，还是中国北车集团唐车公司，都可以看作是该行业的具体代表。他们的努力帮助中国高铁迈着稳健的步伐不断前行，他们是中国高铁事业的骄傲和脊梁。

中国高铁技术创新承载了一代中国高铁建设者的技术、文化和人生追求，融合了各个行业个体的智慧和团队力量。它既是铁路技术历史的完美延伸，又是自主创新追求的可喜成果。在中国，从来没有这样一项特大工程，遍及大江南北、长城内外；从来没有这样一项系统工程，调动起全国众多行业、众多领域的技术人员和专家、学者参与技术创新和概念设计；从来没有这样一项伟大工程，能惠及如此多的民众，并获得民众的赞赏与拥戴。中国高铁技术创新的力量，从它开始研究的那一天起，就引起民众的期待和民众的关注，中国高铁走过了高铁事故引发的众多非议，当它再一次走近民众时，民众对高铁的态度变得更加理性，更加亲切了。

高铁技术创新系统涵盖了工程创新、动车创新、管控系统创新以及管理创新。而每项子系统的创新都可以用包罗万象来形容。针对高铁工程创新而言，中国高铁涉及的地质工程状况之复杂，远非其他已经修建高铁的国家所能比拟；它所牵扯的工程材料的创新也远非其他建造高铁的国家所能想象；而高铁线下工程的高修建标准与工厂化生产也让众多外国专家叹服。中国高铁工程建设本身沿袭了中国铁路工程人敢闯敢干的大无畏精神，也融入了新一代技术人员的无穷智慧。在高铁工程的每个细节，在高铁设计的每座站房、在每条开通的高铁线路上，我们都能感受到中国高铁人奋斗的力量和精神。

和高铁土木工程的技术创新不同，中国高铁的动车创新则承载了更多人的酸甜苦辣。如果说高铁土木工程是为一种相对静态的高铁设施而努力的话，中国的动车设计与制造则充满了更多艰辛与风险，一切在动态中平衡，一切又在平衡中前行。

在经过高铁事故的摔打之后，中国高铁的管控系统就如注射了疫苗一样增强了免疫力。这次事故为中国高铁的管控系统及时敲响了警钟。无数参与管控系统技术研究的人员通宵达旦地工作，不放过任何一个可能发生事故的疑点，千锤百炼始得金，中国高铁管控系统得以更加完美地提升。

硬件设施的增强只是中国高铁技术创新的一方面，而中国高铁管理技术的创新则更多地显示了软件管理的革新。经过一条条新建高铁线路的锤炼与互通，通过严格的技术培训和多年的实践锻炼与摸索，中国高铁人越来越成熟地驾驭这条飞快的游龙。

人们喜欢把传统铁路看作半军事化的行业，在早期铁路系统内，纪律的严明成为完成任务的基础；中国高铁技术创新则使得传统半军事化的中国铁路迈入现代高新技术控制的新时代，推动中国的铁路业获得全面的提升。中国高铁技术创新，为中国高铁在中国大地上完成最完美的抵达，提供了最坚实的物质基础和文化基础。

【第四章】
自主创新的高铁改变中国

高铁是魔术师，仿佛有一只带魔力的手，不断挥舞着，中国人的思维方式随之变化、行动坐卧为之改变、生活规律因之调整。往大的方面说，工业格局重新分布、经济提升有了新的方向。只不过短短几年间，高铁给中国带来的变化，不仅仅是让交通运输技术发生根本性的转变，而且是从个体到群体、从线路到区域、从区域到全国的一种全方位变化，甚至促进了人们对事物的认知和社会的发展。首先，中国高铁迅速拉动了中国经济的快速腾飞，从建设期到运营期都是如此；高铁让城镇化步伐加快，促使沿着高铁线路在相邻大城市间形成城市带和城市群，改变了人们传统的城市印象；其次，就个体而言，高铁改变着人们的出行方式，中国高铁带来的愉悦的乘坐快感和抵达目的地的快捷性，让更多的中国人爱上乘坐高铁；高铁让中西部的差距逐渐缩小，高铁这种现代交通的力量，把资源的再分配做到了随时随地，因而也让更多的人对未来升腾起新的希望。高铁开通后，欠发达地区的人员到发达地区就业率显著提升，也为贫困地区的人员享受到发达地区的资源提供了更多的可能性，在信息民主的渠道上也为信息资源的分配提供了一种可能性；同时中国高铁也在改变着我们的国防布局和力量，增强国家的内控能力和对外防御能力，提升我国的国际影响力。在中国，从来没有任何一项高端技术产品，能给国家从宏观到微观带来如此之大的变化，也从来没有任何一项高端技术引发我国从平民到高端人士的普遍关注。高铁，正如一支奇妙的画笔，在悄悄描画着中国的美好未来，以它特有的方式在谱写着中国发展的新篇章。

高铁撬动条条经济巨龙

我的朋友金先生，每天都乘坐京津城际列车穿梭在两个城市之间，高铁为他在城市间像鱼儿一样畅游提供了自由的水域，金甚至认为，他的职业生涯从高铁开通那个时刻，进入了崭新的时代。而他只是众多享受到高铁带来的便利生活的人之一。

任何一项工具的改进都能提升人类改造自然的能力，而这必然会促进经济不同程度的增长。中国高铁作为系统化的交通运输工具，以它的快捷适应了当下市场竞争的需要，令使用者受益良多。对企业的经营者来说，这种自由穿行的对身体的解放，使得他们能有更多的时间和精力去从事经营活动，提高企业的运行效率；对一个邻近铁路的地区来说，信息流、人才流的流动的加速，物资流、资金流的流动和周转加速，直接促进了当地经济的发展。如果高铁刚巧通过某个贫困地区，那么对贫困地区的带动作用则更是不言而喻。

高铁引发的时空变化，让人们的经济观念得到重新梳理。人类在同大自然斗争的过程中，总是一步步战胜对自然的恐惧，而科技文明的不断进步，则帮助人类加快了这个进程。中国高铁的快速发展，首先改变了人类的出行方式，让人们在走过江河时代、海洋时代之后，进入了路桥时代，这种变化时刻都在提升和催化经济的品质，进而令人类的生活面貌彻底改观。

随着中国高铁的快速发展，高铁已经迅速走进人们的生活。对高铁沿线的民众来说，高铁驱动他们的思维和经营方式自动转变，带动一个城市传统规划理念的转变。高铁让区域经济获得膨胀式的发展，为城市品位全面提升提供了跳板。时间的变化促进了空间的改变，高铁使城市得以突破传统，城市规划布局因为高铁站的建设而改变，珠三角开始向北扩张，长三角的涵盖面积也随之伸展开来，京津冀政治、经济区范围加大，高铁引领中国城市基础设施大面积升

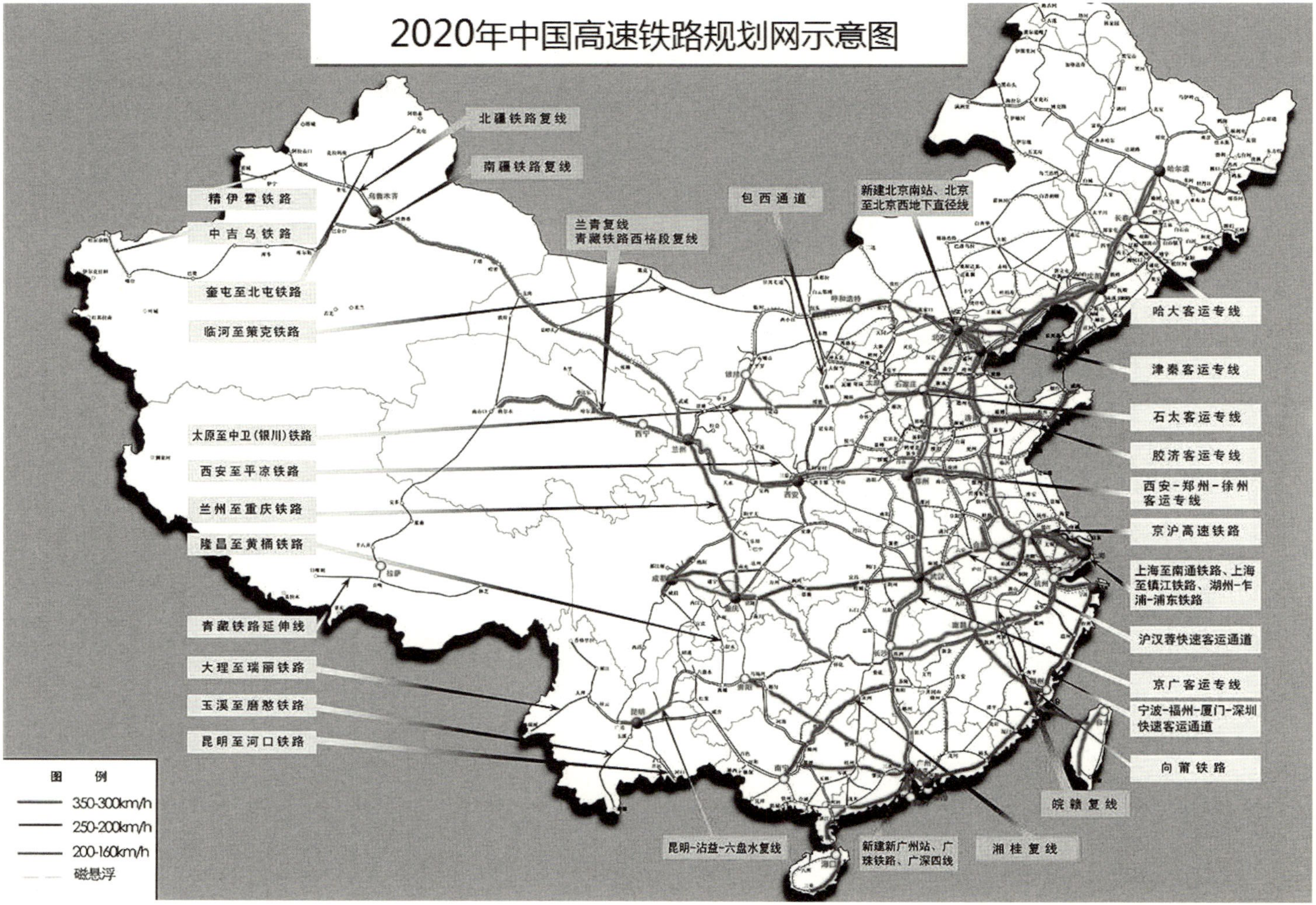
2020年中国高速铁路规划网示意图
北疆铁路复线
南疆铁路复线
精伊霍铁路
中吉乌铁路
奎屯至北屯铁路
临河至策克铁路
包西通道
兰青复线
青藏铁路西格段复线
新建北京南站、北京至北京西地下直径线
哈大客运专线
津秦客运专线
石太客运专线
胶济客运专线
西安-郑州-徐州客运专线
京沪高速铁路
上海至南通铁路、上海至镇江铁路、湖州-乍浦-浦东铁路
沪汉蓉快速客运通道
京广客运专线
宁波-福州-厦门-深圳快速客运通道
向莆铁路
皖赣复线
湘桂复线
新建新广州站、广珠铁路、广深四线
昆明-沾益-六盘水复线
太原至中卫(银川)铁路
西安至平凉铁路
兰州至重庆铁路
隆昌至黄桶铁路
青藏铁路延伸线
大理至瑞丽铁路
玉溪至磨憨铁路
昆明至河口铁路
乌鲁木齐
哈尔滨
长春
沈阳
呼和浩特
石家庄
太原
济南
郑州
西安
兰州
西宁
拉萨
成都
重庆
武汉
合肥
南京
上海
杭州
南昌
长沙
福州
贵阳
昆明
南宁
广州
海口
图例
350-300km/h
250-200km/h
200-160km/h
磁悬浮

级；高铁在促进城市群间人流、物流效率与质量大幅度提高的同时，重新塑造着全新的经济文化模式，直接和间接拉动着沿线经济和城市群的区域互动，带动经济的良性发展。

像金先生那样，由于京津城际铁路促使北京、天津两个城市在国内率先实现了铁路公交化，向往已久的城市间上下班的通勤交通在京津间成为可能。北京和天津这两个特大城市改变了原来的交通形态，人才、技术等资源在两大城市间更多地建立起共享，促使原本同质化的产业向差异化、专业化方向转变，进而激发了两大城市新的消费需求。京津区域内全社会年旅客发送量约 20 亿人次，建立了以城际铁路为主体的多功能、多层次、多方位的立体式高效交通网，促进以北京、天津为中心的环渤海地区经济、社会的快速发展，这种互为补充的交通效应，产生了强大的同城效应——京津城际铁路开通六年来，两市以及周边省市的互动交流、经济往来日益增多，大型央企和外企到天津投资不断增多，使天津的餐饮业、物流业、旅游业、房地产业等得到极大发展，北京和天津城市间外来的国际交流团体逐年增多，而远远高于全国平均水平的两地 GDP 增长，也预示着环渤海经济圈成为我国经济发展新的强劲引擎。比较明显的范例是，京津城际铁路直通滨海新区，自 2008 年北京南站至天津塘沽站间开行了 4 对“和谐”号高速动车组列车以来，天津滨海新区至北京实现了一小时内到达，这种同城化效应的范围进一步扩大，推动了天津滨海新区的快速发展。目前滨海新区的工业园区建设和房地产业的发展已经出现全新的格局。我们完全可以得出结论，京津城际铁路的成功也为未来中国城际之间高铁的发展带来了一种全新的模式，可以预见的是，以后相邻城市的同城效应会更加明显，这为相邻城市的快速发展提供了更多的可能性。换言之，像金先生那样的人，可以有更高的生活自由度了，他们的人生将因高铁的存在更加变化多端，更加丰富精彩。

而在京沪高铁，类似金先生这样的乘客则可以感受到高铁不再仅仅是围绕交通展开的名词，它成了时空缩短器，直接为商家带来丰厚的利润。京沪高铁沿线，围绕各个省城车站的相邻车站，新建社区在高铁车站附近迅速崛起，为更多买家所推崇。京沪高铁沿线的 21 个站点，小站所在城市依托邻近大站所在的城市发展，已经成了惯常的现象，沿线特产日趋畅销的情形更是比比皆是。一些小城市，如枣庄、滕州、沧州等地获得迅速发展，许多人有这样的感慨：时间不过几年，这些小城市的面貌已经今非昔比。围绕高铁建起的高楼让这些城市重新获得了标志城市的样板效应。一些向往田园生活的大中城市的居民，开始凭借高铁之翼，寻找就近的高铁所能抵达的小城市生活，直接拉动了相近城市的房地产价格。更多的城市居民在享受“千里江陵一日还”的感觉的同时，也能体会到“悠然见南山”的快感。对生活在由于人口膨胀等因素而导致雾霾日益严重的大型城市居民来说，高铁是他们获得快乐旅行和躲避雾霾的最好的交通工具。

珠三角、长三角、环渤海三大经济圈因为高铁光芒的照耀，焕发出新的勃勃生机，原有的版图得以扩展和融合，极大地提升了各个城市的经济格局调整频率，高铁沿线将形成的带状产业经济区，在有利于形成统一市场的同时，还把地区间的分工加以明确，从而加速中国的城市化和工业化进程。有意思的是，合肥至武汉，重庆至成都的高铁开通后，两地的直航班机基本停飞，这不能不说是因为市场发生了需求上的变化而导致航空公司做出如是应对调整。目前，中国高速铁路已经初具规模，现在从北京出发，8 小时内可到大部分省会城市。从北京开往各地的高速动车组，不仅能够使人们享受到舒适、便捷的铁路运输服务，还加快了相关地区区域一体化的步伐。高速铁路对拉动内需、保持经济增长所起的作用十分明显。中国东部、中部、中西部地区大多数城市被“四纵四横”的高铁网络连接起来，形成了环渤海、长三角、珠三角三个城市群的轨道交通网，高铁推动这些地区的经济格局重新调整，直接带动周边城市的经济快速发展，高铁成为我国区域经济发展的新引擎。高铁之快催生企业加快产业整合、人口的交流和科技人员的大量拥入，进而快速提升了城市发展的科技含量。地方政府适应高铁发展要求的规划调整能为城市发展注入新的能量，也为区域经济提升带来前所未有的发展机遇。大型企业则迅速转变经营方式，由于核心城市具备较强的人才优势和研发优势，因而将总部和研发中心留在那里；而出于降低生产成本的需要，可将生产部门转移到高铁的沿线城市，使服务业和制造业集群形成，带动了沿线城市的经济发展，促进区域经济的产业升级和转型速度加快。

高铁时代的时空缩短必然会推动房地产、旅游、商业、物流、金融、娱乐等相关产业的发展，加速区域经济的产业格局变革。地域之广和人员之多，使中国成为最适合发展轨道交通长距离运输的国家，利用高铁出行有利于解决城市的交通拥堵和空气污染问题。高铁的发展直接影响了城市的规划，不少省级城市重新建立起以高速铁路车站为中心的规划带，而全国高铁沿线的地区，也开始对其产业布局和核心经济区域进行重新规划。

其实高铁对经济的拉动在其建设时期就已经开始了。高铁建设项目从开工起对沿线的建材生产、施工企业就创造了强大的推动作用。高铁急、难、险、重的建设特点，也为相关企业的技术提升和竞争带来了更多可能性。以京沪高铁为例，高铁发展直接拉动了沿线相关企业的发展。在建设期，一些施工企业获得内生性的技术推动和外延性的创新刺激。我所在的中国中铁建工集团所属的一个从事机械制造的公司，在高铁建设时期，所生产的轨道调整仪器和轨道扣件一夜之间变得供不应求，各个单位排队等货，使得这个一度亏损的小厂迅速壮大起来，目前该厂已经成为高铁提供相关配件的专业厂家，且因为自身的壮大开始有能力生产其他非高铁产品。我曾去某电缆厂采访，高铁让这个企业的自我更新能力大增，也使得这个企业获得飞速发展，在第一轮高铁建设中，该企业顺势而为，完全脱胎换骨。高铁的建设和发展也为一些传统行业的转型升级带来了一种技术提升刺激。比如，在建材施工中，传统的施工企业对建筑材料和施工技术的要求标准相对较低，而高铁的高标准严要求，促使相关建材加工业进行技术升级改造，无形中提高了企业的技术竞争能力。技术的提升使企业获得更强的市场竞争能力，对一个地区的经济趋于更高层次的竞争和良性发展无疑是有益的。高铁不仅救活了一批亏损企业，也让这些企业获得全方位的发展，为它们赢得了巨大的经济利益。企业在竞争中的能力获得提升，为它们自身未来的发展和所在地区的经济持续提升带来强大推动作用。

随着高速铁路开通，城市间生产要素加速流动，那些投资环境优越、行政效能高的区域会吸引资金、人才、信息向其聚集，因而自身规模大、实力强的城市受益会更明显。而各方面条件不佳的地区会因为消费水平低、经济发展落后、文化氛围不浓、城市环境不好等原因，日益面临人才、企业流失的窘境，这就是高铁经济所带来的负面的虹吸效应。不过事情总是相对而言的，正是因为有了这样的情况发生，才迫使相对落后的地区认真思考应对措施，改进相关条件，把失去的再吸引回来。随着高铁整体布局的不断推进完善，这种虹吸效应会逐渐减少，从长远看，高铁不仅拉动沿线城市的发展，更会拉动相关城市群的整体经济发展。

未来中国高铁的发展，将十分明显地呈现出高铁经济带所引发的点面结合的发展格局、涟漪扩散的影响效果。随着中国高速铁路网的普及，高铁引发的同城效应和对经济的拉动效应会进一步扩大，显而易见的是，每开通一条高铁线路，就会带来沿线的经济快速发展。说高铁拉动条条经济长龙绝非溢美之词。人们之所以谈起高铁喜形于色，更多的不仅仅出于个体乘坐的舒适愉悦，而是看到高铁给本企业、本地区经济发展带来的拉动作用。中国高铁的发展和未来的合理布局，会形成更好的经济发展格局，高铁经济带的发展将驱动区域发展以及一些城市和省份的发展，进而带动整个国家经济向好。

高铁改变传统城市理念

中国高铁启用 6 年后，其每月客运量已接近中国国内航空业的两倍，超过了每月运送 5400 万人次的美国国内航班。目前我国已经建成的“四纵”高速铁路网络，将内地除拉萨、乌鲁木齐等以外的省会城市，都包含在了以北京为中心的 8 小时交通圈内。随着高铁各条线路的开通，一些高铁常客的生活已经在不知不觉间发生了改变。

在京广客运专线上的涿州东站，张先生每天都和一批固定的乘客按时到达这里，一个小时后，他们就在北京的某栋写字楼内开始一天的工作了。至于费用，张先生做过比较，如果以北京南五环租房子居住为例，费用是每个月 2500 元左右，即使就住在地铁站旁，仍然需要 30 多分钟的时间支出，相应做出放弃的可能是与父母、孩子一周下班后的相聚时光。如果选择高铁往返，费用是 1500 元左右。两相比较，更多的“北漂”一族选择了改当“往返上班族”。崭新的高铁运营版图改变了中国旧时的“生于斯，长于斯，老于斯”的封闭状态，高铁快速往返性强的特点也打破了传统观念中“父母在、不远游”的观点，更多的人选择外出工作或旅游，四通八达的高铁路网已将重点城市基本串联起来。高铁以其全天候运输、方便快捷和运能强大的特点，对于保证城镇人口大量流动，实现中心城市与卫星城镇合理布局、发挥中心城市对周边城市的辐射带动作用、强化相邻城市“同城效应”都发生着重要作用。

高铁，拉近时空距离，对文化观念起着潜移默化的作用，将新的时空文化注入百姓的日常生活，改变了人们对日常生活的认识，城市和乡村的隔膜感、大城市和小城市之间的差异感在逐步打破或者降低；高铁加速了中国社会文明的进步与发展，这种高速运输工具在让中国经济血脉畅通的同时，也将中国城市地缘关系紧密并优化起来。其实，历史上每一次交通运输方面的生产力的提升，都前所未有地将人类物质文化生活内容极大丰富， 拓展人类社会的生存时空，令人类对自身的认识更深入。中国高铁在幅员辽阔的中国大大缩小了城市之间的距离感和文化差异感。高铁改变的不只是距离，也改变了个人对自身局限性的认知，改变了人们对自己长期生活的城市的传统看法，人们所理解的城市与传统意义上的城市有了本质上的不同。

传统意义上的所谓城市，一则为城，强调建筑对人工作、生活的重要，强调城市的建筑风格和特色，一般倾向于自然和建筑的集成，一个城市的发展，自始至终离不开人们对建筑的尊崇；二则为市，“市”为交易，古时候的城市强调了贸易功能，而现代城市的文化特色让一个城市的“市”的功能大大增强。城市是时空的完美结合，之所以众多的人选择了在城市生活，就是选择了在一个优美的时空环境条件下，让自己工作生活得更美好。城市的作用，在于将“城”这种空间概念运用到“市”这种经济文化概念中去，形成城和市二者的紧密结合，从而形成完美的统一。城市承载了不同的文化，人们喜欢一个城市，不仅仅因为自然风貌，更重要的是看重历史文化的影响。在传统的城市观念里，人们喜欢平和安详的乐居生活，但高铁这一现代化的交通工具，打破了传统的城市理念，让城和市分开，让时间和空间重新组合，让现代人在更好的空间体系变化中体验生活的新鲜，感受经济发展的跨越和文化的飞升。

在中国这个古老的国度，人们长久以来一贯热爱田园生活，田园造就了中国人特殊的思维方式，因着这种方式，中华民族生生不息。中华民族和西方各民族最大的不同点是中国人喜欢从时间角度来考量一切，而西方人喜欢从空间角度思考问题。高铁以时间的方式刺激中国人的思维，好像一下子把人们的时间观念摧垮了，时间被浓缩了、变小了，而空间则相应的延伸了、扩大了，传统的时间、空间观念在一瞬间发生了天翻地覆的变化。高铁改变了人们的时空观念，进而改变了人们的城市认同感。高铁的运输组织模式是“高密度、大运量、公交化”，这一方式的直接效果就是扩大了人们的工作和生活范围，加速了人员流动，有力促进了铁路沿线“同城化”倾向的形成，改变了人们的工作模式和发展理念，对传统的生活观念和习惯的影响自然是巨大的。

高铁首先改变了人们的就业方式，核心城市聚集资源的能力被极大地强化，周边经济圈也因辐射作用而得到益处。核心城市参与国际竞争能力，将依托内地的人才优势而进一步提升，周边企业转型升级的能力得到强化。以前受制于传统普通铁路人财物流的运输缓慢以及对大城市各项基础设施建设的高度依赖，科技人员不愿去中小城市定居生活，造成大城市人、财、物相对过剩而小城市各项人才紧缺。而四通八达的高铁网络，缩短了城市间的时空距离，令时间观念被打破、空间格局被改变，促成科技人员倾向于选择到中小城市去创业，因为高铁满足了他们创业成本的低廉诉求和他们人生价值的认同感。更多的科技人员开始选择一种游走于城乡之间的方式，以实现他们的人生愿望，高铁的快速使人力资源的科学调配与流动成为可能，城市的真正的延伸使高科技人员的触角抵达更大范围。通过最近几年高铁的运行，我们可以明显看到，高铁的发展促进了城市科技创业园区的建成和完善，从中可以窥见中小城市蓬勃发展的强劲势头。

还有一点也足以引起注意，那就是城市人群的投资理念也因为高铁而改变着。一些企业在异地城市投资的时候，是否有四通八达的高速铁路网络，已经成为它们重要的考量指标。因为高铁，长三角、京津、珠三角、郑西等经济文化区域的合作正在被重新定位。更多深思熟虑的企业家认为，如果抵达另一座城市的时间，比横穿企业所在城市所用的时间还要短，且成本更低，自然就会选择到节省时间且房地产价格低投入少的异地城市去投资。京津、沪宁、郑西、武广、温福等高铁促成半小时、2小时、3小时等经济圈形成，以不同的时间段可以相应划分出不同的利益群体，这些利益群体长期围绕高铁谋取自身利益，形成独特的高铁经济文化群体。随着城际间的铁路交通时间大为缩短，这种利益经济圈会不断地融合、重叠、放大甚至超乎想象地延伸开来。沿着山东、河南、陕西、湖南等省的高铁车站周边地区，大批工业园区和住宅小区迅速崛起，形成了风格鲜明的高铁投资圈，显示了向高铁周边倾斜发展的投资趋势。以浙江海宁的一些企业家为例，以前去温州、上海办事，企业家们多半会选择开车前往，这样到温州办事来回需要一天，其中路上就花了十多个小时。甬台温铁路开通后，不仅为企业家节省了时间，而且可以使之能够精神饱满、充满自信地与其他地区的客户洽谈业务，受惠的商人开始意识到：对高铁的价值的认识如果只限于交通方便，那显然过肤浅，以前遥不可及的上海、南京、杭州等地的大量商机，现在已经触手可及了。原来一天只能在一个城市办一件事，现在一天可以在几个城市办几件事，且摆脱了驾车来回奔波之苦。从另一个方面看，大量旅客改乘高铁，不仅可以提升他们事业的成功率，也可以大大减少汽车尾气的排放量，对环保事业的助益是明显的。

高铁改变着人们的出行及旅游观念。越来越密集的高铁交通圈，让动车组在城

▲ 驰骋在北国大地上的高铁，让乘客不仅享受到舒适的乘坐体验，还把沿途美丽的雪景尽收眼底。

市间自由驰骋，而各个城市之间的旅游业也随着动车组的开行变得活力四射。随着区域旅游合作的不断加强和无数个新城市圈的形成，高铁沿线区域著名景点也开始受惠于高铁。郑西高铁、京津城际铁路通车运营以来，乘坐高铁而来的外埠游客消费远远超过当地游客的消费。高铁对旅游的拉动在每条高铁线路周边地区都十分明显。以京沪线为例，原来的全程旅游可能性几乎没有，而京沪高铁开行后，从北京到上海不过五个小时左右的时间，喜爱旅游的朋友可以选择双休日去快乐地旅行，对京沪高铁中间站点的旅行点，时间则更加充裕。京沪沿线这种充裕的时间安排，为大中城市的年轻人自由出游带来了尽情的享受。从高铁自身的设置上来看，现在的高铁系统正日益完善着他们的通信系统，在高铁上可以尽情享受各种在陆地上可以享受的上网、看电视、通话等信息交流的自由。谈笑间，动车已经直抵目的地，以致很多坐高铁的乘客都有意犹未尽之感。

高铁改变着人们的居住观念。在我的朋友、同事和老师之中，在北京工作，在天津以及其他周边城市买房的朋友不在少数。尤其在年轻人当中，特大城市高昂的房租的确让他们承受不起，而高铁沿线的城市差异则让他们可以在就近的二三线城市获得更好的居住环境。这就为城市居民带来了更多的居住选择空间。如果说在多年前，夫妻分居还是一件让人头疼的事情，而现在的分居则成了一种诗意化的体现。信息化的高度发展让人们有了信息快速传递的可能，而高铁则使得有情人真正能感觉到天涯咫尺的快捷。说高铁催生了很多浪漫爱情不是一种调侃，我生活圈子里的青年朋友选择在高铁沿线异地恋的不在少数。如果说过去人们所讲的“距离产生美”是一种自我安慰的话，现在的“距离产生爱”则是高铁赋予有情人的一种情爱之美，高铁的愉快之行为爱之美再添一层浪漫色彩。居住方式的改变催生了高铁沿线建筑群的形成，也为城乡差别的缩小带来更多的可能性。高铁为农民兄弟勘破大城市的神秘色彩打开了通道，也为城市人奔赴乡土田园创造了方便之门。

高铁以令人惊骇的速度给乘客在经济、生活、文化等重要方面带来变化，使人们出行方式和居住观念都发生了变化，高铁的出现和发展，还将引起国人群体性的思维意识和社会组织等各方面的转变。中国高铁将使我们传统的经济社会管理方式方法产生巨变，高速铁路在加速城市之间人口流动的同时，也让人们的生存理念发生更加多元化的转变。

中国高铁正以它特有的方式让一个城市悄悄地发生着变化，时光飞逝，比时光更有力的高铁的开通让城市居民有了新的创业理念，也为那些竟日寻找商机的商人创造了新的契机。高铁带动了城与市的良性互动，从源头上动摇了中国人以时间为中心轴考虑问题的方式和方法，从而使现代人拥有更加健康、理性的生活方式，进而也改变着传统的家庭结构。在一些城市，伴随着互联网和高铁的快速发展，年轻夫妇在相邻的两个城市依靠高铁过着优哉游哉生活的越来越多了，即便是耄耋之年的老人也不再教育孩子“父母在，不远游”了，因为高铁可以让他们轻松地抵达孩子所工作的城市，对几百公里的距离，他们不再有更多的疏离感。借用一位老大爷的话说，“给女儿炒的菜，下车还是热的”。高铁，正以它独特的魅力，改变着普通百姓的日常生活。

说高铁给乘客提供了“最完美的抵达方式”，一点也不为过，从物理意义上说，高铁从此地到彼地飞驰一般的感觉，缓解了人的焦虑，满足了快速抵达的欲望；从精神层面而言，高铁的舒适度也带给乘客“润物细无声”的滋润感，这种滋润感和现代人的生活节奏及审美情趣紧密契合；更重要的是，高铁给人们选择新的生存方式提供了更大的自由度。那种晦暗单调的旧时代好像一去不复返了，高铁让每个人选择的自由度变得更大，就个体而言是解放，由集体来看是科学，从国家来讲意味着更加民主和开放。这种技术对一个国家意识形态的推动是潜移默化的，也是显而易见的。

与高铁朝夕相处的受益人群

金先生最喜欢的时刻是什么时候呢？当他看到高铁火车站的整洁、舒适，不由得再次发出了“我的选择是对的”的感叹，数字媒体等画面清晰、信息量丰富，引导性地标功能强大，又让他能身在何处都可以毫不困难地跟上最新资讯时代。人们为什么喜欢乘坐高铁？除了快捷之外，高铁的时代感，与信息时代接驳的亲切，让人们对高铁自然产生一种前所未有的好感。高铁的这种与生俱来的特征，自然会吸引不同的人群。有人分析，高铁乘坐人群以城市白领为代表，呈现出明显的“三高”特征：高学历，高职务，高消费能力。这些高铁人群的消费力旺盛，消费潜力巨大，主要表现在他们对汽车、商品房等高端商品的购买力上。借助高铁往返于各个城市之间的白领人群，也带动了人才、技术等更多资源在关联城市之间的共享，促进原本差异非常小的众多产业向个性化和专业化的方向转变。其实这只是在高铁运营初期对乘客构成的一种误读，随着高铁的逐渐普及和人们对高铁的重新认识，加之铁道管理部门调整高铁票价，高铁的乘客人群构成会发生新的变化。

2012 年 9 月 28 日，郑武高铁第一天正式运营，为了解从郑州出发前往长沙、广州等方向的旅客情况，《大河报》记者登上了上午 9 时 50 分郑州东开往广州南的 G543 次列车，通过调查问卷的形式，获取旅客的各种信息。统计显示，乘坐该次高铁动车出行的乘客中，男性占 70%；乘客中有四成都是“80 后”，27%为“60 后”、“70 后”；在高铁乘客中，大多数人是企事业单位职员，这一比例占 76%。大多为男性，22 岁到 33 岁，月收入在 3000 元到 6000 元，为了公务或探亲坐高铁。

我想这份调查是具有权威性和真实性的。乘坐高铁时，我在动车组上看到的也以青壮年居多（节假日除外），年长和年幼的人员相对比较少，之所以会形成这样一种状况,除了收入因素之外,应该与青壮年人员的事业特点以及他们的生存理念很有关系。

“三高”当然代表了一种群体特征。高学历的人中不乏南来北往的编剧,也不乏奔走于各个大学的教授,还有奔波在各地参加各类学术会议的专家。一般来讲,他们对时间比较珍惜,即使收入不高。他们之所以选择乘坐高铁出行,恰恰体现了这部分人对时间的珍惜,他们认为时间就是生命,高铁给他们节省的时间远非票价所能比。时间对他们而言意味着学习和机会,意味着对未来希望的一种铺垫和获得机会的可能性,所以他们十分渴望尽快抵达目的地。那些学者大多有着比较繁重的科研任务,他们日常的工作就像上足了发条的时钟,这类人员最看重高铁的舒适和快速,甚至有相当一部分人员喜欢在动车组上办公。第二类人员是高职务的消费者,在公务员队伍和企事业单位中,那些身居一定位置的领导者,厌倦了乘坐飞机的繁琐与等待,不喜欢乘坐飞机时的百般束缚,在可能的情况下,他们喜欢乘坐高铁。一则高铁的安全系数更大,乘坐舒适,来回接送方便。二则这种乘车方式可以让身体获得更大自由度,在国家出差报销规定重新出台之后,这部分人员的数量显著增加。三是高消费群体,这部分人一般以个体商人和私营企业家居多,这部分人员的高收入水平导致他们选择轻松出行的交通工具。对他们来讲,选择高铁适合于商业谈判,能让他们在高铁上有更多的时间进行商业思考;高铁上可以使用手机,和乘坐飞机相比,又有了随时捕捉商机的可能性。这些都对这个群体有着巨大的吸引力。在高铁客流之中,这三部分人群占大多数。当然,随着季节变换和高铁价格的调整,更多的一般旅客也开始乘坐高铁,但是相对于这三类人群,他们的数量要少得多。

2014 年 1 月 27 日《新华每日电讯》报道:春运来临之际,虽然有农民工选择坐高铁,但更多的农民工却在争坐绿皮车。对于高铁提速带来的便捷,有的农民工表示:我不缺时间,缺的是钱。方小川就以《高铁时代,不能忽视争坐绿皮车的农民工》为题写了一篇评论:高铁时代来了,但大量农民工争坐绿皮车的现象,仍然耐人寻味。是农民工不喜欢高铁吗?当然不是。高铁宽敞整洁,设施周全,服务好速度快,更能满足现代人对于舒服便捷的需要。但高铁的高端服务是以高昂的票价为基础的,而很多农民工由于收入不高,宁愿挤一些慢一点,也愿意选择不大舒服的绿皮车。

农民工不敢亲近高铁,本质上和穷小子不敢亲近富家小姐的心态没什么区别，“腰里没铜，不敢胡行”，并非不喜欢好东西，实在是口袋里的钱决定着人对于商品和服务的态度。所谓的有效需求，总是与收入水平相适应，否则，必然影响到日常生活。这就说明，高铁建设不纯粹是个技术问题，也要与社会整体的需求相适应，尤其要照顾到低端消费群体的需求，如果服务都“贪大求洋”，超过了社会整体的消费需要，必然会出现与需求脱节的状况。以往一些季节甚至春运期间，都出现过普通列车一票难求、高铁车厢空空荡荡的现象，这正是高端服务太多而社会整体需求不足的体现。铁路作为一种公共服务设施，在建设的时候，一定要考虑这部分群体的利益，而不能为了高端而高端，要与群体的需要相适应。至于绿皮车是否应当被淘汰，也不能完全由技术因素说了算，而要与经济的发展及人们收入的增长速度同步，只有人们的收入与高铁的服务普遍相适应的时候，才是高铁完全普及的时候。资料显示，到2014年春运，“四纵”高铁干线全部通车，高铁运营里程突破1万公里，高铁网络逐步走向成熟与完善之后，这种高铁只有“高人”坐的现象并没有完全改变。未来中国高铁无疑将成为铁路运输的主力，在春运中将承担更重要的角色。高铁的发展，服务的不断高端化，是经济与科技双重发展的表现，自然是人们乐意看到的，但只要有农民工争坐绿皮车的现象出现，就说明绿皮车的消费仍然没有过时，尽管设施较差、速度较慢、拥挤不堪，绿皮车也不应当淡出人们的视线，更不能马上退出历史舞台。铁路运输不能与大众的需求相脱节，而要让市场在资源配置中起决定性作用，只有重视所有消费群体的需求，重视社会的整体利益，才会令我们的社会以更加良性的机制运行。

我想方先生的评论也从另一个角度提出了中国高铁在发展中如何走大众路线的问题。每当看到那些参与高铁建设的农民工兄弟为买一张普通车票还是动车票而纠结的时候，我总会由衷地感到难过，我们有必要在中国高铁发展过程中寻找一个平衡点，要让令所有中国人感到自豪的高铁能真正走向所有中国人，给更多的农民工兄弟以乘坐的机会，让最完美的抵达之梦不仅仅属于“三高”人员。我期待着某一天，当我在高铁动车组上行走时，能看到更多的平民乘客，看到各色国民的身影。高铁，能承载着中国国民完成最完美的抵达，才是我们修建高铁的初衷！最完美的抵达，需要最丰富的乘客，只有那时中国高铁才真正属于中国每一位国民。

高铁促成地域文化融合发展

中国高铁不仅仅以飞翔的速度让人难忘，它致力于环境保护的各种努力更加让人难忘。贯穿在高铁系统的每一个环节的这种意识促成了人们对高铁的喜爱。在高铁的建设期,人们努力使高铁成为精心打造的艺术品;在高铁的运营期,地域文化的融合与城市生态链的形成,使高铁独创了一种全新的生态文明模式。

记得在京沪高铁筹备期间,我到山东省邹城市东部山区踏勘线路,在路过一个偏僻的小山村时,我担心将来京沪高铁的修建会影响这里的生态环境。我看到那时飞跑的野兔和美丽的山鸡,按照我多年的铁路施工经验,铁路路基的施工会破坏它们的生存通道,铁路经过的地方,这些野生动物可能就要迁徙远处了。事实上我的这种担心是多余的,在京沪高铁运行了几年之后,故地重游,我又看到美丽的山鸡和野兔出没于山野之间,它们与靓丽整齐的高铁大桥形成完美的统一。那一刻,我是感动的,这样的场景是我梦寐以求的,尊重每一种生物个体的合理存在,使我为这些高铁建设者的努力感到心动,是他们近乎苛刻的设计和施工要求保留了自然的一切,让我们最终感受到此刻的完美与精彩。

其实高铁的生态之旅远远没有因为建设而停止,恰恰因为建设而展开。高铁有利于形成沿着高铁沿线的环境生态和由此辐射出去的文化生态圈。所谓文化生态圈,是指高铁沿线城市由于增加了人员的流动频率,人员信息流的增加,为这种文化的传承增加了更多的传统含量和现代含量。从文化的地域性而言,不同地区人员的反复交往和交融，会使得一个地区的文化获得重新再造的机会,另一方面,各种不同的文化群体造成多层次的交流,形成独特而交融的双向文化交流格局,如南北商业文化的交流、文物保护文化的互通、礼仪文化的交融,还有自然科学文化的交接。在传统文化交融的基础上,形成独具特色的重新升华了的新型文化,对一个地区去除文化糟粕、保持文化独立性、合理地吸收其他文化的特长,具有十分明显的作用。高铁促成各类人员的大量流动,这种流动对文化生态圈潜移默化的作用很大,相对长期居住的外来人口和短期进入的游客,对一个城市文明的审视、监督和促进作用都是十分明显的。

这种文化生态圈,蕴藏着各种文化的融合与提升,将整体提升高铁沿线各个地区的文化整合能力,有利于形成良好的生态和文化的互动。

人们在旅行中不断遇到的崭新的高铁车站，它们不再是旅行的终点，而是进入这个城市的起点。高铁车站是一个城市的里程碑，也是一个城市的起跑线。中国高铁不仅改变了中国的交通版图，世界交通格局也因之一变。越来越多的人从选择高铁出行的那一刻起，就开始源源不断地接受颇具地域特色文化的熏陶。一座座高铁车站，既是现代化的科技建筑，也成为不同文化的载体。像整体造型设计是由天坛演变而来的北京南站，就将传统和现代文化元素熔于一炉；外观像“芭蕉叶”的广州南站，是鲜明的岭南文化特色的体现；像九只飞翔的黄鹤，寓意九省通衢的武汉站——所有这一切设计都来自高铁设计者的文化设想和地域文化的强烈影响。谁能想到，有五分之一的旅客，到郑西高铁洛阳龙门站，竟是为了参观和感受车站的文化氛围。每一座高铁站，都本着立足当前，着眼长远，深度融合地域文化的主旨，将购票、广播、查询、监控等种种功能性的服务融入高铁站的总体设计中。

如果说高铁站是一颗颗美妙绝伦的宝石，那么把每一座高铁站连接起来的高速铁路线，就是一条条贯穿纵横的金线，整合了地区的经济发展，而条条金线构成了当代的经济发展文化脉络。以京广高铁为例，它的开通，串联起了沿线的京津唐经济圈、邯石保经济带、郑汴洛经济带、大武汉经济圈、长湘株经济圈。高铁时代的到来促进了中国经济区域封闭状态的消融，有利于全国大市场、大流通、大协作格局的形成，有利于区域文化的互相融合和高铁文化生态城的形成，这也将是正在崛起的高铁新城的核心区域。

高铁自身不仅代表了一种高铁文化，高铁的人员流动更让这种文化传承成为一种可能。决定一个地区发展的主要因素首先是自然条件，其次是人文因素。对自然的改变即使科技再发达，终究也是微小的；而对人的改变，科技的力量才是巨大的。想想移动通信对中国人巨大的改变吧，就中国高铁而言，这种动态传承对人的思想从文化深处予以滋养，则是一种更好的方式。中国高铁的伟大在于将全国各地的文化串联起来、融合起来、潜移默化地渗透影响每一位旅客，悄无声息地改变着他们自身和他们身边的世界。

所谓生态文化圈是就地域而言的，我们的国家幅员辽阔，南北方气候等生活条件差异明显。而环境生态的优化，是一个地方民众得以长久生存的基础。高铁建设为出现中国高铁生态文化圈造就了可能的因素。和单纯依靠政府的行政命令不同的是，在越来越重视环境生态的今天，谁在发展中注重保护当地的环境生态资源，谁就会受到全社会的尊重。对更多的相邻城市来说，那些脱离了地域特色发展的企业很可能在市场这只无形之手的作用下很快消失，所以高铁的发展必将促进沿线环境生态的发展。事实上，中国高铁在发展过程中，自身的设计理念已经呈现出这种明显的环境生态的保护意识，高铁建设设计自觉少占耕地——在京沪高铁建设过程中，高铁的用地控制在红线范围内，沿线的取土场、制梁场和弃渣场都经过多番选择，注重沿线的环境保护，对沿线文物也进行了非常认真地调查。每条高速铁路的建设都是这样做的。南京大胜关桥涵施工和沿线过河桥涵施工都曾经遇到了是否要和当地生态环境争利益的难题，但在建设者们的头脑中，环境保护始终是压倒一切的指导思想，在施工过程中，水资源得到很好的保护。京沪高速铁路沿线通过的风景名胜区、自然保护区、文物古迹区很多，那是一串中国传统文化的珍珠，单单提到它们的名字，就能和悠久文化历史联结在一切，这些久负盛名的风景名胜区主要有北京、天津、济南、泰安、曲阜、蚌埠、滁州、南京、镇江、常州、无锡、苏州和上海；自然保护区有泰山地区；文物古迹区有北京明清人文自然景区、泰安泰山、大汶口文化遗址和曲阜文化古建筑群、蚌埠明皇陵、常州寺墩遗址、滁州琅琊山国家重点名胜区等。看看

▲ 聚精会神工作的高铁动车组生产者，他们的兢兢业业是保证高铁安全运行的基本要素。

刚刚提到的这些风景名胜，几乎就是一部中国通史的缩影，充分保护好这些地区的风景名胜，是高铁建设的基本思路。高铁建设的线性特点也对这种生态圈的辐射起到了很好的推动作用。我国现在所建设的各条高速铁路都处在不同的地区，各自有不同文化传承的地域文化建筑和物质文化遗产，这些地区带给我们更多的是文化浸染。随着高铁的飞速发展，北方的山文化与南方的水文化，东部的柔文化与西部的刚文化，会最大限度地结合、演绎，使传统文化在融合中获得新生，而这种新产生的多元文化将会使得我们的国民素质和文化生态水准都得到大大的提升。

高铁沿线良好的文化生态，是文化与自然、人性与社会和谐共生、协调发展的文化生存状态。要想把生态文化和文化生态完美地统一起来，需要对高铁文化进行深入细致地研究。无论是生态文化还是文化生态环境的改善和优化，都因高铁的发展而使得这一过程变得更加复杂化。要使东西南北方历史悠久、博大丰富的文化遗产以及环境生态，获得积极的、更富于建设性的保护和发展，需要高铁沿线地区政府和铁路管理部门进行适度的引导。文化生态和生态文化的养护面临着三大任务：其一，通过改善沿线生态环境，使文化遗产得以世代相传，让传统文化得到较好的保全，使得沿线居民生活因高铁而改善，因生态而自豪。其二，通过优化生态环境，使在高铁时代的环境变化之后，代代相传的文化遗产仍然能够通过高铁开通后的文化创新和文化再造获得新生，促进文化发展的多样性，使整体的高铁沿线地域文化获得优质发展。其三，注重文化生态的传承和创新，当然，吸收外来文化和创新要采取慎重态度，不能借创新毁坏传统文化的根脉，以猎奇为名毁坏传统文化和文化遗产。通过巧借其他地域的文化特色进行本地域文化的创新是高铁时代每个地区必须面对的严肃话题。

高铁时代沿线各地迎来了文化旅游的新时代，这种文化旅游提高了当地的收入，但对文化的传承效果还有待进一步研究。高铁的通行造成的未来中国各大中城市间文化圈的形成不能是简单的量的积累，而应该是质的飞跃，这就需要相应的部门做适度的引导和文化整合，仅凭高铁人口的自由快速流动来推动地域文化建设还远远不够。

从环境生态到文化生态，再到天人合一的人文生态建设，中国高铁成为最完美的文化火炬传递手。中国高铁是那列开往春天的火车，迎接我们的是文化繁荣的百花园。高铁的这种贡献开始可能不被人们所认识，而在未来的中国经济飞速发展之后，这种文化发展的脉络会更加明晰。高铁发展引发的文化生态的变化会引起更多学者的高度关注。

高铁对生态文化和文化生态的影响是显而易见的，可以预见，数十年后，我们非常可能从海派文化里窥见京派文化的蛛丝马迹，也能从京派文化里看到海派文化的影子。中华文化的融合与传承，高铁是最有影响力的纽带之一。

高铁让未来充满希望

清朝末期，国人曾一度认为中国人和外国人的区别是很大的，各种自卑的心理愈演愈烈。今天我们相信，无论是中国人还是外国人，无论是有信仰的人还是无信仰的人，都天然地有着生理和精神的双重需求。自古以来，不知道有多少哲学家在苦苦探寻：我从哪里来，要到哪里去？未来的我将会怎样？现在的我该做什么？个体所面临的问题有时也是人类群体所面临的问题。随着技术的扩张，人的欲望永无止境，怎样的一种发展状态才是我们人类自身所需要的？哪一种发展手段才能既为当代人服务，又不至于断了子孙后代的后路？其实，每一种工具的选择都意味着放弃对自然的坚守，但到底选择怎样的工具才能对我们更加有利？

高铁到底给我们带来了什么？未来的高铁会给我们哪些希望？高铁作为工业文明与信息文明的产物，在当今社会，它优雅的外形、漂亮的内饰、飞翔的感觉，对人们思想的冲撞和洗礼，都吸引我们去接近它。高铁文明是人类文明发展到现阶段一种集人文与科技于一体的产物，它的高科技特点给人以一种全新的享受，而它所给予我们的又不仅仅是一种暂时的感官享受，是更具有前瞻性和保护子孙后代生态资源的绿色交通意识。

高铁引领我们走向希望的未来。当下的中国高铁已经实现了正常时速 350 公里的行驶速度，未来的中国高铁速度还会更快。“登高而招，臂非加长也，而见者远”。速度好像一双看不见的手，它在托举着我们的思想高度。高铁让我们的思想抵达一种新的思维的境界，未来高铁的发展不仅仅是高铁技术的发展，更代表着一种全新交通理念的发展。现在的速度已经让我们发生了改变，而在未来，时速 400 公里、500 公里、600 公里都有可能实现；高铁的运转方式还可能由轮对方式向磁悬浮方式转变；高铁也可能打破只运客不运货的历史。所有的改变都可能带来革命性的变革，而我们的思维会发生怎样的改变？有些我们可以预测得到，有些目前还无法预测，需要用实践来检验。我们期待着这一天的到来，而且相信这样的日子一定会到来。

高铁引领我们重新审视我们眼前的世界，也将给我们塑造未来的世界。高铁已经让我们的经济繁荣起来，高铁也会在将来继续拉动国民经济的振兴。未来高铁所打造的世界将是怎样的？是地域的整合还是集团的合并，是办公方式的整体变化还是居住环境的彻底改变？这些都是未知数，中国高铁目前的发展状况足以让我们惊喜，但未来的发展更是不可限量，它给人以无限遐想的空间。

高铁让我们在国际领导树立起强国的大旗和友好的形象。未来中国高铁走向世界已经成为必然的趋势。在中国高铁问鼎世界铁路之巅的过程中，更多的国家会选择与我们友好地相处，更多国际朋友会站到我们这一边来。作为一个永远不称霸的国家，中国高铁的发展意味着友谊与和平，中国高铁的发展无疑会给世界人民带来福音。随着中国人富裕程度的提高，乘坐跨国高铁去境外旅游，可以让我们充分见识到世界各国的美丽。在高铁技术的驱动下，中国人未来的梦想会更加圆满和辉煌。

如果说中国高铁仅仅是一个速度的符号，那是一种错误的认识。中国高铁在走向更高速度的过程中，选择的不仅仅是一种速度的追求，更多的是利益的普惠。在中国西部，将要建立起来的高速铁路网会让我们感受到它的奇妙力量。中国高铁在未来的发展时光里，在面向西部地区的纵深开拓中，将在西部地区四面八方延伸，美丽的西域会揭开她神秘的面纱，为热爱旅游的国人提供更多的选择空间；未来便利的通行条件可以吸引更多的人才到西部发挥聪明才智，未来的西部沙漠也会因科技人员的大量到来，而寻觅到更多科学的治理沙漠的方法，大面积绿化的可能性也会出现，环境生态的改观会让人叹为观止；在中国西部，通过科技人员的积极参与，高原发电成为可能之后，现在的孤寂之地很可能成为繁华之所。高铁之风可能改变的还有西部整个自然生态和人文生态。荒凉之地变成人间仙境的可能性大大提高，它会随着高铁建设进程逐步实现。这不是异想天开，高铁推动人员流动的魅力，正是科技人员掌握的科学发出威力的真实体现。

高铁像一只巨大的手，在推动我们前进。从思维到行动，从高层到平民，从过去到现在，从今天到未来。飞驰的高铁一直给人以强大的希望，高铁给无数中国人带来一种全新的享受。我们从传统铁路和日本新干线走来，通过对比，感受到中国高铁的优越；我们以现代的高铁作为起点，冲刺未来的高铁速度，高铁将给我们更高端的乘坐感受和生活希望。高铁能让贫穷地区走向富裕，能让富庶地区奔向富强，高铁是装满希望的尤物，承载着一代又一代中国人的梦想，面向美好的未来，完成最完美的抵达。

在当下的中国，有高铁的地方希望高铁再提速，没有高铁的地方希望快一点建设高铁，高铁带给我们的希望是一种真实的、可以感觉到的美好。我喜欢在站台上目送一列列高铁远去，更喜欢乘坐高铁欣赏祖国各地的自然风光。和传统的拥挤嘈杂的火车不同，高铁给人的愉悦感受是乘车环境的优雅和贴合现代人自由思想的一种放松感觉，而这种放松感觉带给我们的是美好的精神享受和对未来更大的希冀。

高铁会改变我们自己。我与高铁相会的日子感受最多的是劳累，但劳累之余想到飞驰的快乐又顿感幸福十足；与高铁分开的日子才真正是痛苦的。中国高铁正以特有的气势引领我们向前——高铁给孩子以速度，给青年以希望，给老者以安慰。对每一个热爱生活的人而言，高铁更像是一首蕴含无限可能的诗，每个人都能从这首诗里读到自己所需要的东西。接近它，它会改变你的思维方式、帮你抵达目标、实现梦想；接近它，你会从中感受到科技的伟大、祖国的强盛、未来的美好！

高铁会成就一个个企业。高铁在建设期即拉动无数企业的腾飞，在运营期也带动相关企业发展。对于众多与高铁无关联的企业，高铁则公平分配给它们提升的速度，缩短它们抵达成功的时间，中国高铁已经让许多发展中的企业尝到丝丝甘甜，未来的中国高铁，带给企业的将有更多。中国高铁目前对整体交通客运的疏通，对货运则意味着莫大的解放和支持。更多的企业将会享受到高铁运输带来的原材料成本的降低，享受高铁所馈赠的前所未有的各类资源的匹配与流通。奋进的中国高铁将成就中国企业走向未来的伟大梦想，中国企业离不开高铁的快速发展。拥有1万公里高铁的中国，必将为当下的中国企业提供一条通向光明的宽阔大道，当未来的中国高铁达到更多公里数的时候，中国企业将可以打造出更多旗舰品牌。

高铁会辉煌一个国家。中国的高新技术产品总的来说目前还并不足够多，但中国高铁技术却让国人挺直了腰杆，挣足了面子。这是无数中国人励精图治、梦寐以求的结果；更是科技工作者大胆引进、苦心经营、自我创新的结果，是蕴含了多少中国人希冀和梦想的事业。在泪光和汗水中诞生的中国高铁，写满坚强、自信和创新的符号，在中国大地上奔驰的中国高铁，每一个希望祖国强大的人都会对它发出由衷的赞美。我在高铁飞驰的速度里看到了中国富强的因子，未来的中国会像中国高铁一样将辉煌镌刻在世界大地上。

高铁像春天的种子，埋在中国土地上，它在大家的期盼中发芽、成长，当它成长为参天大树的那一天，我们每个中国人都无法忘记，中国高铁，曾经有多少人为它留下了难忘的记忆，多少人曾为它而默默地哭泣和呼喊，又有多少人为它奉献了青春与生命！

未来的中国高铁是希望的高铁，它永远给中国人以多元想象空间和更多文化内涵！高铁既是高铁技术的精品，也是文化传承的宝物，每一个中国人都会逐渐感受到她的神奇魅力！

西部高铁的发展引领举国走向更加富强之路

中国的西部地区，虽然不乏富庶之地，但总的看来，黄土高原的蛮荒和沙漠地带的寂寥让人还是感觉苍凉无边，这种情况既是自然原因所致，也是长期得不到有效治理的结果。没有铁路的地方意味着越来越贫穷。我原来所在单位有一位老家在西部高原上的员工，每次回家单趟行走就需要六七天，即使请假半月，在家中所居留的时间也不过一两天。每次探家，都是一次精神和肉体的双重折磨。这位同事时常向大家倒苦水，说他们的家乡不通火车，更别说高铁了。交通方式的匮乏让贫困地区更加贫困，当地的人和资源出不去，外地的先进设备和优秀人员进不来，这几乎形成了恶性循环。相对落后地区呼唤中国铁路的进一步建设，更呼唤中国高铁的早日进入。

我国西部地广人稀，资源丰富，有着无与伦比的天然优势。然而西部地区的发展仍处在一个很低的水平，基础设施的作用并未被发挥出来，并且与东部的差距存在着逐年拉大的危险。西部地区三大产业发展不均衡，产业结构不合理。农业在产业结构中仍然占较大比重，而第二、第三产业的发展却远远低于全国的平均水平。西部生态环境严重脆弱，水土流失面积逐年增加，旱灾、洪涝灾害频发，因生态破坏造成的直接经济损失严重。生态环境问题已成为严重限制西部发展的瓶颈，如不加以足够的重视，势必造成西部地区的经济塌陷。加上城市化进程缓慢，人口素质较低，消费对经济增长的贡献率低，基础设施严重短缺等因素，使得西部地区成为经济发展的短板。西部更加需要科技力量，而科技需要人才的支撑，我国一直在鼓励大学生和科技人员投身西部开发，但他们的奉献精神因为缺少更多的后续支援和配套设施而最后仅仅成为一种向往。如果交通发展了，许多资源可以得到再分配，无疑会吸引科技人员自觉参与西部建设。高速铁路的发展可以使中国东部优势科技资源和人才资源快速向西部流动，中国西部地区的生态环境，也会因为众多科技人员的参与而得到切实的改变。

2012 年，我国正式公布了《国家铁路“十二五”发展规划》，《规划》中明确了建设以西部为重点的开发性铁路的方向，突出了加快西部铁路优先发展的精神，明确西部铁路将由 2010 年的 3.6 万公里提高到 2015 年的 5 万公里左右。随着《规划》的进一步推进，全国铁路网运输能力进一步增强，对西部资源开发利用和战略地位提升，促进区域经济以及社会发展都将发挥着重要作用。从国家的宏观发展来看，这种发展有利于我们国家走向整体富强之路。

在我国宏观经济发展格局中，西部地区具有明显的资源比较优势。西部 12 省（区）国土面积为 686.7 万平方公里，占我国总面积的 71.5%，人口仅3.55 亿，人均占有土地面积 1.89 平方公里，是东部地区人均占有土地面积的8 倍多、中部地区人均水平的 4.7 倍，这为西部地区发展农、林、牧、副、渔以及其他产业提供了基本条件。目前西部有耕地 3.3 万公顷，占全国耕地面积的 37.8%。我国水能的 70%以上都集中在西部；西南林区面积虽仅占全国的 24.4%，但林木蓄积量却占全国的 45%以上；同时，西部地区矿产资源丰富，令东部地区望尘莫及。此外，我国的西部地区历史悠久，具有独特的自然和人文景观，奠定了西部旅游业乃至整个第三产业发展的良好基础。这些资源特点，将因为高速铁路的快速修建而吸引众多的东部优秀人才奔赴西部。人人都向往舒适宜居的生活环境，但西部因为交通不便，这种环境之美大打折扣；又因为优秀人才的长期缺乏，使得西部资源长年“藏在深闺人未识”，西部急需优秀人才进驻，而高铁无疑是帮助西部地区栽种招引凤凰的梧桐树的巨手。

高铁时代的到来，拉动了西部地区的发展。区域间高铁快速通道的构建加速了城市群一体化进程，加快沿线城市产业布局调整和整合，实现区域间劳动力尤其是人才、信息等要素的快速流动，城市间贸易、文化往来更加频繁，带动了相关产业由经济发达地区向欠发达地区转移，把欠发达地区的资源优势转化为经济优势，使资源配置结构更加合理有效，从而推动国民经济持续快速健康发展。高铁为中华民族的生存和发展创造了更好的外在环境，同时维护了社会和谐和边疆的稳定，对我国走向富强具有深远的政治意义。高铁能够让久久滞留在封闭大山里的众多农民奔赴东部发达地区，通过打工锻炼或技能培训，获得一技之长，帮他们实现快速致富，同时也让他们感受到城市现代文明的魅力、掌握更加多样化的生存技能，进而让更多大山里的孩子真正走出来；更多的东部优秀人才来到西部贫困地区，可以带动、教育、影响、改变西部的政治、经济、文化环境，为西部地区发生根本性的改变创造重要条件。

我们国家一直重视西部的发展，近两年来更是加大了对西部的铁路投资力度，对西部高铁发展也十分重视。李克强前往兰渝铁路木寨岭隧道工地考察时对工人们说："铁路对西部发展有重要意义，在西部山区修铁路非常艰苦，你们用艰辛和努力为西部贫困人口打开了致富大门。一定要既保证工程质量，又保证自身安全。"

李克强强调西部铁路开发意义重大，不仅是因为西部人民翘首以盼，更着眼于高铁的建成有利于中西部接受东部产业的转移。铁路建设对扶贫、产业发展意义重大，发展的西部是中国最大的回旋余地所在，也是解决中国人口问题的突破口。西部发展起来，拉动了就业，人民的就业就更有希望；西部的富庶会招引更多的有志之士迁往那里，对风沙治理好的地区，适度的移民也会改变中国东部人均占有耕地过少的痼疾，更会缓解东部地区的生存压力。我们相信，随着西部高速铁路网的建成，西部与其他地区的距离会拉近，更多的优秀人才会到西部去。资源优势会化成西部攻坚的力量，在高铁的推动下，西部将会以前所未有的速度发展起来。那种认为西部地区人烟稀少，客流不足不适合发展高铁的说法显然失之偏颇。对中国这样一个人口数量巨大的国家而言，人口向西部迁移可能在所难免，而中国高铁在未来几十年的发展过程中，大举向西部进发也是必然的趋势。中国人有能力建设强大的高铁，更有能力把高铁修到高原去，也会让更多的国人在高铁的承载下赶赴西部，建设西部，为自己，也为西部打造更加美好的未来。

【第五章】

中国高铁对世界的巨大影响

跑出像风一样的速度，是中国铁路人期待许久的梦想。期待的种子早已在中国铁路人心里萌生出希望的枝叶，通过奋斗，梦想在现实中逐步成真，发展到今天，中国高铁已经是绿树成荫举世瞩目了。

速度成就了中国高铁的惊艳美景。提速、提速、再提速，中国铁路人夸父逐日般的激情，被一次又一次成功的提速拉得更高；创新、创新、再创新，一个民族生生不息的活力被一个又一个梦想燃得更旺。30年来，一代又一代铁路人不懈地努力，吸收汇聚众多相关领域专家学者的集体智慧。伴随着中国冶金、机械、装备制造、电子、信息等相关产业技术水平的不断提升，中国铁路从引进国外先进技术到自主创新、破茧成蝶，完成了一个华丽的转身，取得了若干项重大技术创新成果，系统地掌握了时速200公里至250公里、300公里至350公里、350公里以上不同速度等级的高铁核心和成套技术。具有自主知识产权和世界先进水平的中国高速铁路技术体系，丰富和发展了世界高铁的理论与实践，一举把世界高铁发展水平提升到新的高度，中国终于迈进了世界高铁的先进国家行列。

与风竞速，不断刷新中国速度，是一代又一代铁路人滚烫的愿望。速度点燃激情，速度铸造尊严，速度催生动力，速度成就梦想，他们在追逐速度之旅中完成凤凰涅槃。中国制造的CRH380型新一代高速动车组列车，2013年在京沪高铁先导段以486.1公里的试运行最高时速，创造了当时运营列车在运营线路上世界最快速度的，终于把“跑出像风一样的速度”从神话般的梦想变成了触手可及的现实。更让中国铁路人倍感骄傲的是，由我国自主研发的时速超过350公里的高铁检测列车，已被国内外广泛借鉴应用，更高时速的检测列车也正在自主研发当中。须知，只有拥有水平高于现在运营中的高铁列车的检测列车，才能对这些飞驰中的银龙进行“体检”，以保证安全、高效。

“停滞”和“落后”，“低端”和“仿制”，这些曾经久久笼罩在中国装备制造业上空的阴云正在加速散去，“和平崛起”——中国高铁像一道炫目的闪电激活了沉睡已久的蛰伏在历史深处的大国梦想——中国这头巨狮真正雄踞东方。目前，100余项高速铁路建设标准规范已融入牵引供电、通信信号、工务工程、系统设备、运营调度、客运服务六大系统中，这也使得中国在高铁技术标准体系和成套工程技术方面达到了世界先进水平。

我国自主生产的非接触式接触网检测装置技术让外国专家眼前一亮，由衷感叹，中国创造的仪器精度比德国生产的还高。那些洋专家们，第一次在中国高新技术面前有了危机感：那些让他们曾经雄踞天下的领先技术，竟然已落在了中国后面！我在一线采访时，听到最多的是外国专家的态度转变故事：由开始的傲慢到中期的怀疑，最后由衷地钦佩中国员工的执着坚韧和钻研精神。

接触网是电气化铁路的基础，直接关系到铁路运行安全。这些曾经只为德国、日本、意大利拥有，且属于高端机密的“非接触式检测”技术，一直是中国高铁人心中无法言说的痛楚，这一隐痛终于被高铁的一位年轻专家去除。2011年3月，上海铁路局科研所机辆技术研究室副主任朱挺组织研发的“非接触式检测”系统在京沪高铁上试验成功，打破了这一领域长期依赖进口设备的局面，也填补了我国高铁重大技术的又一项空白。

中国高铁不仅快速构筑和完善了自己的铁路版图，更与世界铁路网络血脉相通、手足相连。它灿若星辰的耀眼光芒让世界刮目相看、满怀期待。最快的速度、最好的服务，中国高铁正在为世界高铁发展作出更大的贡献。中国高铁引发着世界的路网转变、观念转变甚至是未来世界格局的转变。

空气动力学、轮轨关系、车体气密强度、减震降噪、大断面车体等时速350

公里条件下的一系列重大技术难题，一直困扰着全世界的高铁制造者，是中国高铁人在世界上率先攻克了它们，进而解决了高铁运行中的高平顺和高稳定问题，以及高速列车在隧道群里高速交会时，乘客的安全性和舒适性问题。从此，世界高铁在运行品质上提升到新的高度。中国高铁技术的整体水平上升了一大步，为高铁技术成功迈向世界提供了更大的空间。

中国速度，不断催生着新的希望；中国速度，重新诠释着大国形象。那些一个接一个不可思议的速度符号不断刷新着世界纪录，写下一个又一个"快"字：运行速度快，从时速200公里飞跃到350公里；里程增长快，完成1万多公里的铺设里程，运营总里程是其他国家的总和；路网建设速度快，中国高铁目前基本形成了四纵四横、南北通达的高铁运行网络，而这一切都只在短短六年时间里完成，中国高铁以其蓬勃发展的姿态傲立世界高速铁路之林。

中国幅员辽阔、地质复杂，气候带跨度大，几乎涵盖了世界各国的地理特点。中国高铁技术的成功示范，奠定了未来冲击世界高铁市场的可能性，未来发展之路必然是越走越远、越走越宽。

中国走向世界，世界聚焦中国，而中国高铁无疑是追梦之旅的灵敏触角，它扩展着我们的视野，丰满着我们的理想，承载着我们的希望，让我们的梦想在时空之旅中展翅飞翔。

中国高铁对世界的影响是跨时代、跨地区的，中国人的思想脉搏与世界最先进的文化和技术重新对接。一个科技文化大国以领导世界先进科技文化发展的潮流的姿态呈现在世人面前！

美国总统的羡慕与嫉妒

美国是世界上最早修建铁路的国家之一，全长41.2万公里的铁路仍占世界铁路总长度的35%，居世界第一。1828年，继1825年英国人斯蒂芬逊修建世界上第一条铁路之后，美国就已经开始修建铁路。回首170多年美国铁路的发展史，大致可以分为：从19世纪20年代末到内战结束的起步阶段，从19世纪60年代中期到20世纪20年代前的黄金时期，从20世纪20年代到70年代的衰落困窘时期，20世纪80年代以来的新生稳定时期。

美国铁路由盛转衰的发展历程，一度曾是世界铁路发展史的缩影。如何扬长避短，避免重蹈覆辙，是中国铁路人一开始就潜心研究的重点课题之一。在美国铁路发展的鼎盛时期，铁路与其他各种形式的交通运输行业进行着激烈的竞争，美国铁路以每年近 360 亿美元的运营收入，持续保证大型铁路公司处于赢利状态。美国客运铁路公司 Amtrak 在整个客运市场中所占份额虽微不足道，但在城市公共交通中，铁路运输却占了一半。这样的份额说明铁路在国民经济中发挥着举足轻重的大动脉作用。尽管与《财富》杂志评出的世界五百强企业相比，铁路企业的平均投资回报率低，在产业对比表中的位次落后，但近年来美国铁路的投资回报率仍然保持在 10%以上，堪称非常稳定。

由于管理模式滞后等原因，上世纪七八十年代，13 万多公里的铁路被拆毁，迫使曾经辉煌一时的铁路骤然湮没。当时在中国也有人因此悲观地认为：中国铁路很快也会成为夕阳产业。殊不知，美国拆除铁路，恰恰是由于美国普通铁路的慢速度无法适应经济发展要求。铁路在公路和航空运输日益发展的今天仍发挥着不可替代的作用，即便是在世界上公路网和航空网最发达的美国，铁路也在激烈的市场竞争中求得稳步发展，占有相当的市场份额。令人惊异的是，美国的铁路技术早已被法国、日本甚至中国所超越，成为世界上唯一没有高铁的发达国家。中国高铁技术之所以迅速崛起，其原因在于新中国成立之后，中国铁路除了“文革”时期受到一定影响外，一直没有停止建设的步伐。中国高铁的技术储备，正是来源于对普通铁路修建的技术储备和人员储备。

中国高铁以不可阻挡之势直抵国际政要们那强健而富于竞争意识的心脏。2009 年，美国总统奥巴马访问中国。时速 350 公里的京津城际终于刺激了这位超级大国首脑最敏感的神经。奥巴马意识到，美国铁路技术已经落后甚远，而重塑美国全球竞争力的关键之一就在于增强美国的铁路技术。其后，奥巴马在国情咨文演讲中郑重表示，美国修建了历史上第一个铁路网和高速公路网，但“没有理由(听任)欧洲和中国造出运行速度最快的火车”。他试图以中国高铁为参照物，唤起美国人的危机意识，呼吁美国人奋发图强，不能甘居人后。终于，涉及全美 30 多个州、总长度接近 1000 英里的高速铁路网发展计划开始实施。2010 年初，奥巴马政府决定从经济刺激计划中专门拨出 80 亿美元，作为美国高速铁路建设的第一笔启动资金；此外持续 5 年从联邦预算中拨款 10 亿美元，作为高铁计划首期启动金。高铁的巨大吸引力，可见一斑。

流水不腐、户枢不蠹。一个懂得进取的民族才会朝气蓬勃，一个不断创新的国家才能活力四射，一个不付诸实际行动的梦想，再美也只是空想。美国的高铁计划其实早在1991年就已提出，但因为与美国汽车制造业的利益相抵触，当时的政府没有及时实施这一计划，错过了最佳发展时机。被美国政府作为重点计划之一的加州铁路系统的重建，从加州第二大城市圣地亚哥出发，途经洛杉矶，最终抵达旧金山，全长约1300公里，工程耗资约450亿美元，预计于2020年建成。这条高铁的设计时速约322公里，建成后从洛杉矶到旧金山由自驾汽车的6至7小时缩短到2小时40分。

反观中国投资超过2200亿元的京沪高铁，全长1318公里，最高时速可达380公里，从北京到上海仅需5小时，铁路技术水平已经完全超过日本，短短几年之间，中国高铁便跻身世界先进行列。正是看到了两国铁路发展的差异，美国铁道要员及通用电力公司的董事长频繁来到中国参观，与中国铁路部门官员积极探讨，表示美国愿拿出一条高速铁路线由中国政府组织工程总承包，并由中国向美国GE公司转让高速列车技术。

正是中国高铁的创新成果，激起了全世界高铁建设的热潮；正是中国高铁的发展模式，聚焦了世界关注中国速度的眼光，中国高铁由此成为世界新一轮追赶的目标；正是中国高铁人的拼搏奉献，引发了众多国家对引进中国高铁技术的强烈兴趣。

▲ 来自不同国家的友人参观高铁生产线。

根据国际铁路联盟的统计数据，截止到2013年11月，全球在建的高速铁路长度接近14000公里，另有超过16000公里正在规划中，遍及除南极洲以外的所有大洲。毋庸置疑，当今世界铁路发展的共同趋势即是发展高速铁路，中国高铁未来将迎来无限广阔的发展市场，这是机遇也是挑战。中国高铁在中国大地上的迅速成功，令世人赞佩、惊讶和好奇，使许多国家自总统到平民都翘首期盼。

西方国家终于向中国伸出了求助之手

中国高铁像一条条银色的巨龙游弋在中国大地上，给华夏文明再谱新章，让悠久的历史再续辉煌。中国高铁，给梦想插上了飞翔的翅膀。

2008年，京津城际铁路正式投入运营。随后几年，相继有100多位不同国家的元首、政要和代表团考察了中国高铁，表达了他们的倾慕和惊讶，不少国家还向中国伸出了合作的橄榄枝。2009年11月发表的《中美联合声明》，曾专门提到了“双方欢迎两国公共和私营机构在高速铁路基础设施建设方面进行合作”。

2009年10月，时任俄罗斯总理的普京访华。此次访问的一大亮点是中国和俄罗斯关于在俄境内组织和发展快速及高速铁路的备忘录，其核心内容就是中国将帮助俄罗斯修建高铁。美俄两国相继对中国高铁表示青睐，足以显示出中国在高铁领域的领头羊地位。

此后，中国领导人先后向澳大利亚、英国、中东欧国家等多国领导人力荐中国高速铁路。2013年11月，英国首相卡梅伦访华时表达了“吃火锅、坐高铁”的愿望，在收到中国政府作为“国礼”赠送的一套高铁模型后，他公开表示，欢迎中国投资英国正在规划中的总值超过430亿英镑的高铁项目。

2014年2月3日，一列由中国南车制造的CRH380A高速列车的图片在美国纽约时代广场纳斯达克大屏幕上高调亮相，以流线感十足的优美造型、神奇的速度和安全行驶超过350万公里的纪录，在这个“世界的十字路口”一展中国创造的最新形象。凝聚着中国人勤劳、智慧和创新能力的这一结晶，此刻在世人眼里，就是最华美的中国元素、最绚丽的民族风格，这一刻让华夏子孙豪情万丈，这一刻让世界刮目相看，这一刻在中国人心里落地生根。这是多么让人扬眉吐气的时刻啊！一位从纽约归来的华人在聚餐时告诉我：中国高铁的确为中国人长足了志气，他专程从国外回来，为的就是坐上中国人自己制造的高铁，吐一吐多年来因为落后而淤积的郁闷！

中国拥有投入运营长度超过10000公里的高速铁路建设的宝贵经验，已经成为世界上高速铁路系统技术最全、集成能力最强、运行速度最高、运营里程最长、在建规模最大的国家。中国高铁正以不可遏止的态势迅速构建着自己的发展模式，其触角已经延伸到世界50多个国家，包括美国、俄罗斯、巴西、罗马尼亚等高铁潜在市场。随着未来中国高铁的强势增长，这种向好的局面还会进一步扩大。

曾记得，数年前，中国在高速铁路领域还是一个需要外援的国家。2004年，原铁道部发布的招标公告"拟采购时速200公里的铁路电动车组，共计200列"，吸引了包括德国西门子、法国阿尔斯通、日本川崎重工和加拿大庞巴迪在内的多家国际著名大企业。当时，德国西门子公司向中国开出了"天价"转让费：每列原型车的价格3.5亿元人民币，而技术转让费高达3.9亿欧元，相当于39亿元人民币；还视若无睹地对标书有多达50多项的不予应答。面对国家利益，中国铁路人据理力争、寸步不让，首轮竞标，西门子便惨遭淘汰。西门子这次输得很彻底，且产生了连带效应，其股价大跌、谈判负责人引咎离华，在华谈判团成员全部遭到撤职。

时隔一年，西门子携强大的实力卷土重来，参与原铁道部第二轮时速300公里以上动车组的竞标。这次西门子无条件地接受中方的技术转让方案和价格方案，最终成功跻身中国高铁产业，并开始了和唐山轨道客车有限公司的友好合作。

知耻后勇，自强不息，是一个民族绵延不绝的永恒精神内驱力。中国铁路人凭借自己的忠诚信仰、顽强毅力、精湛技艺和高尚的职业操守使中国速度领跑世界高铁，从引进时速200公里高速列车技术，到自主研发时速350公里、380公里"和谐"号动车组；从京津城际铁路到武广高铁运营，再到京沪高铁的开通，中国俨然迅速跨入引领世界速度的"高铁时代"！

日益发展的中国高铁终于迎来了通川出海的一天，中国高铁正在架起通向世界的快速通道，引起世界各国无限的遐想。未来，我们可以驾驭风一样的高铁列车，穿越在不同季节、不同风情、不同文化、不同种族的时空之中，完成自己期待已久的跨国之旅，更多的中国普通家庭可以实现畅游世界的梦想。关于未来，

▲ 出现在纽约十字广场大屏幕上的"中国速度",展示中国引领世界速度的"高铁时代"。

中国正在制订计划,在 2025 年与 17 个国家的铁路网实现连接。其中,中亚线路是将新疆与哈萨克斯坦、乌兹别克斯坦、土库曼斯坦、伊朗、土耳其及德国连成一线;东南亚线是将昆明与越南、柬埔寨、泰国、马来西亚及新加坡的铁路线贯通;俄罗斯横断高速铁路网则是从中国最北部的黑龙江省出发,通过俄罗斯横断铁路,连接到西欧。可以想象,不久的将来,高铁所引发的不同文明的碰撞、多个民族的融会,及其经济合作、文化和情感交流必然会催生新的增长点,促进世界的大繁荣大发展。一向以文明先驱自居的西方各国也将因为高铁的通达而改变对东方文明的认识。世界各国间的经济文化交流频率加快,自然会缩短国与国之间的差异、地区与地区之间的差别,会让更多的国家和地区感受到中国高铁给他们带来的实惠。未来的世界,将是高铁网纵横的世界,世界也会因中国高铁的到来而发生巨大改变。

发展中国家喜爱中国高铁

物竞天择，适者生存。这是自然界也是人类社会的发展规律，装备制造领域也不例外。与欧洲、日本同行相比，中国高铁及其相关设备制造业的优势在于：在低成本和高效率建设的基础上创造出技术最全、集成能力最强、运行速度最快的高速铁路。目前，中国高铁技术的国产化率基本达到70%以上，在全球化分工协作生产的惯例下，中国高铁具备出口竞争的多重实力。研究报告显示，国外高铁建设成本约为3亿元/公里，而中国只有1.5亿—1.8亿元/公里，仅成本就节约40%以上，这也将成为高铁技术向发展中国家持续出口的优势。价廉而物美，是所有经济活动中人的最基本诉求。

中国高铁以其300多公里的时速飞驰大江南北。随着高铁网络的不断延伸和扩展，必将面临在较短时间穿越高山大河、横跨东西半球、驰骋南北经纬的地理、时空和气候差异等世界性难题。这是中国高铁在建设之初就亟须解决的问题，否则就可能在未来致使中国高铁发展陷入僵局。近几年的高铁建设中，中国铁路人不胜不休，屡创奇迹：在路基工程技术上攻克了松软土、湿陷性黄土、岩溶、沿海软土等一系列关键技术难题；在桥梁工程技术上，解决了跨越大江大河和山区的深水基础施工、大吨位钢梁变形控制等关键技术难题；在隧道工程技术上，突破了大断面黄土隧道、江河水下隧道、高压富水岩溶隧道等复杂地质条件下的隧道设计、风险评估和施工技术难题，建成了大胜关、长江大桥等一批居于世界领先水平的标志性工程。

对于大多数发展中国家来说，复杂独特的地理特征是高铁建设中的拦路虎，解决了这一系列问题，才会使那些看起来遥不可及的美梦逐渐变得真实而清晰。中国的地理、地貌特征涵盖了热带、亚热带和温带等多种复杂环境，中国的动车组试验因而充分考虑了极端气候特征下的运行要求，适应了大多数国家的需要；中国高铁土木工程的实践也为其他国家修建高速铁路提供了最坚实的基础。在中国高铁工程实验室里，我们看到更多的极端试验在为中国高铁的安全运行保驾护航，这些实验同样也为中国高铁将来适应世界各国的高铁发展积累了基本的技术数据。目前，中国高铁具备技术可靠、建设速度快、成本低廉等一系列优点，在利比亚、尼日利亚等几十个发展中国家几乎都有高铁建设项目。

这些国家之所以青睐中国高铁，就在于中国高铁所具备的这些特点非常适合它们的经济发展需要，中国高铁会给这些国家的经济起到巨大推动作用，越来越多的国家也因此将目光聚焦到中国高铁上。

2011年，中国高铁经历了"7·23甬温线特别重大交通事故"的阵痛之后，暂时放缓了高铁技术的输出脚步。在此后三年的疗伤和整治期里，中国高铁痛定思痛，积极进取，从关键配件到列车车体，从承建区段项目到整体技术出口，从一地规划到全国铁路网的实施，不断取得新的进步。许多本来持观望态度的国家，在考察和确认后，再次树立了对中国高铁的信心，越南、老挝、巴西等数十个国家先后与中国达成铁路项目合作的协议或共识，中国高铁的对外合作再度重启，中国高铁参与外国高铁建设的深度和广度不断扩大，以一派生机勃勃的景象出现在世人面前。

高铁还是中国的名片之一。李克强总理曾向东盟成员国之一的泰国推荐了中国高铁技术。双方表示：中方有意参与廊开至帕栖高速铁路系统的项目建设，以泰国农产品抵偿部分项目费用，泰方对中方的意向表示欢迎，将与中方探讨相关事宜。中泰双方在曼谷签订了《中泰关系发展远景规划》。2013年，中国南车与泰国联合成立"中泰高铁研究中心"，为泰国规划的高铁线路提供技术支持与保障。"高铁换大米"为中国拓展国际友谊再造佳话。虽然目前泰国因为政局动荡暂缩了高铁建设，但从未来的发展趋势看，东南亚地区形成高速铁路网已成大势所趋。从中国人民与这些国家美好的传统情感和中国的高铁技术声誉的角度看，中国高铁未来在这些国家的发展最具可能性。

2014年1月28日，《光明日报》报道了我国高铁走出去的消息：由中国铁建总承包建设的土耳其埃斯基谢希尔至伊斯坦布尔高速铁路（即安伊高铁二期）主体工程宣告完工，中国企业在海外承建的第一条高速铁路进入通车倒计时。这标志着中国高铁走出去战略在土耳其的成功实现。

安卡拉至伊斯坦布尔高速铁路二期工程项目由中国铁建牵头组建的合包集团（简称CCCI）中标承建，工程设计和施工全部采用欧洲技术标准。该项目是中国企业在北约国家拿下的第一单高铁项目，也是中国与土耳其建交40年来最大的工程合作项目。它全长158公里，设计时速250公里，合同金额达12.7亿美元。

安伊高铁二期工程全线桥梁与隧道的长度占线路总长度的42%，其中，最

▲ 建设中的土耳其安卡拉–伊斯坦布尔高铁二期线路铺轨作业，能承包建设这一工程，正是对中国高铁实力的承认。

▲ 土耳其安伊高铁工程最长的隧道施工现场，在盛产花岗岩的土耳其，安伊高铁工程技术的难度可想而知。

长的隧道达 6.1 公里，最长的桥梁为 1.96 公里。中国铁建于 2005 年成功中标，2008 年 9 月开工，2013 年 9 月全线铺轨接通，11 月开始进入静态测试，冷滑、热滑等全编组机车带电测试阶段。目前的测试时速已超过 170 公里，线路的施工技术质量受到土耳其政府及有关各方的充分肯定。从成功中标到主体完工，历时八年多，被参与高铁建设的中国人戏称为“八年抗战”。在盛产花岗岩的土耳其，安伊高铁工程技术的难度可想而知。

经历了种种磨难后，该工程最终圆满竣工。

中国高铁走出国门，彰显国威的梦想变成了现实。中铁人心潮起伏，欢呼雀跃，几代铁路人沉甸甸的心血和汗水终于成就了中国创造的辉煌。据报道，在土耳其建高铁，工程设计和施工要求都必须遵守欧洲技术标准。安伊高铁的竣工，证明了我国高铁不仅性价比高，在技术和安全性方面也达到了世界前列水平。土耳其是欧洲的门户，连接欧亚两个大洲，是包括高铁在内的中国各类商品走入欧洲的重要跳板。安伊高铁二期工程的成功，对中国高铁将来进入欧洲发达国家市场具有示范效应，同时也向世界主流国家证明了中国高铁的真正实力。此次工程对中国高铁的“走出去”战略意义重大。正如中国驻土耳其大使宫小生所说：“我从事外交工作 30 多年，安伊高铁的修建，是中国高铁第一次真正走出国门，并且走到了技术标准高的准欧洲国家，这不仅提升了企业的影响力，也提升了国家的影响力……这对中国企业是千载难逢的机会，抓住这样的机遇，我们就登上了一个台阶。”

这是中国高铁全方位走出去的第一步，这正如一个蹒跚学步的孩子，一旦顺利迈出了第一步，就意味着他的人生征途开始正式起步。这个第一步预示着中国高铁未来在国外的发展前景广阔，不仅可以在发展中国家获得巨大市场，也完全能够在欧美市场占有一定份额。这是中国高铁的胜利，更是中国人不断创新的成果。中国高铁不仅拥有最先进的技术，更拥有一流的高铁建设人才队伍。我们有理由相信，经过千锤百炼日益完善的中国高铁，必然会在未来的国际铁路市场上占有一席之地。中国高铁渗透式、延展性的国际发展路线，必将为中国国际地位的提升创造更多的契机；在外国的高铁技术实践也会回馈于国内高铁的建设和维护、运营，为中国高铁技术的进一步完善提供更宽广的舞台。

中国高铁的未来走向对世界影响巨大

中国高铁正以其与风赛跑的运行速度、舒适高端的服务品质迅速改变着人们的生产、生活方式，它为梦想插上翅膀，让思念不再遥远，把童话变成了现实，用色彩填充了空白。

中国高铁的迅猛发展，不仅将改写中国自身的经济格局，对加强中国与周边国家和地区的经贸、文化交流和人员往来也具有不可替代的作用。按规划，从2010年起至2040年，中国将用30年时间，将全国主要省市区连接起来，形成“五纵六横七连线”的高速铁路运输网络大框架。而这一格局的形成，无疑会对其他国家的铁路网建设提供借鉴意义，随着中国高铁的进一步发展，中国高铁对世界的影响力也将进一步加大。《国务院关于加快培育和发展战略性新兴产业的决定》中指出，我国要掌握发展主动权，必须优先重点发展先进航空装备和高速铁路交通等先进运输装备及海洋工程装备、高端智能制造装备等，再次明确了高铁作为战略性新兴产业的地位。未来的中国将是高铁作为客运主流渠道的国家。中国高铁的发展，一方面为那些与我国人口密度相近的国家提供了最直接的参照，另一方面也为那些幅员辽阔的国家提供了最好的规划方案和实战经验。

高铁的诞生和发展，大大缩短了城市之间的距离，让中国这个城市众多的国家很快浓缩起来。它让城市布局、文化经济发展以及人们的生活方式不再过多地受到地域限制。当前，随着工业化和城镇化进程的加快，高铁给沿线城市带来的高速交通优势，不仅使运力资源得到有效整合，缓解了长期以来运能与运量的紧张矛盾，也有助于实现周边城市在高铁圈中心城市的辐射带动下的同步发展。由高铁引发的城镇催化模式，为世界的一体化进程带来了更宽广的发展空间。世界经济的发展在发达国家和发展中国家的表现形式虽然不尽相同，但世人对城镇化的渴望和先进交通工具的向往却是一致的。中国高速铁路网的形成，将为中国人的出行提供最舒适、快捷的服务，曾经被无数人向往的西方生活可能面临着重新的价值评估。更多国家的交通发展格局也会向中国看齐。

以京津城际铁路为例，由于在国内率先实现了高速铁路公交化，京津间的城际交通已经变为城市内上下班的通勤交通。北京和天津这两个特大城市，人才、技术等更多的优质资源可以在同一个区域空间共享，促使原本同质化的产业向差异化、专业化方向转变，进而激发了新的经济增长点，让城市迸发出新的活力。而世界各国与此类似的相距不远的城市还有很多，高铁催化经济发展的铁律很快会被各国应用到具体实践中去，成为发展其自身的最佳方式之一。

在世人期待的目光里，通江达海、南北相连的高铁网络必将成为财富的代名词，我们能够看到那些黑色的、金色的、五颜六色的财富流跃然于银色的闪电而又驯顺地为其所调遣。我国西部12省市区占中国国土面积的71.5%，集中了中国50%以上的煤炭储量和81%以上的天然气储量，但进出西部的铁路运力十分紧张，有了铁路大通道的保障，西部大发展将指日可待。

高铁的运营让时空距离变得越来越小，人们的生活半径则随之拓展得越来越大，可供选择的生活和生产方式越来越多，迅速改变了现代人的生活模式，原有的人流、物流、信息、技术和文化资源得到重新配置，改变了经济发展格局。早有目光远大的投资商看到了高铁的发展前景，提前布局，把投资的重点逐渐由沿海地区向内陆转移，国内的产业布局和城市发展格局也因之得到相应的调整。当距离不再成为生活、生产发展的障碍的时候，沿海已趋饱和的技术和资金将随着高铁的延伸逐步向内地扩散，不均衡的经济发展态势会在高铁的带动下，趋于更加合理的发展格局，高铁必将铸就新的“中国力量”。同理，中国高铁在走向世界后，也将成为世界经济复苏的催化剂。

随着中国高铁的修建，人们也看到了更多的环保功效。和高速公路相比，高铁占地少、能耗小的特点为世界能源危机提供了最佳解决方案。世界上越来越多的国家面临着工业化时代人口激增和环境污染等各项问题。而高铁这种运输工具无疑为解决类似问题提供了一种极佳的绿色交通的模式。这也是很多国家看中高铁的原因。中国高铁的规模化发展让世人看到了巨大的环保效应，也让许多国家因此而开始研究和借鉴中国高铁的发展模式。

目前，全球拥有三座连接欧亚大陆海上运输线的大陆桥：一座始于俄罗斯东部的哈巴罗夫斯克和符拉迪沃斯托克，途经西伯利亚到达荷兰的鹿特丹港；另一座东起中国江苏连云港，经过哈萨克斯坦、俄罗斯等国直抵鹿特丹港；第三座就是中国境内的“渝新欧”国际货运枢纽铁路，地处幅员辽阔、矿产资源丰富的欧亚大陆中心位置的中亚区域，其战略地位非常重要，也是欧美大国目光的聚焦之地。早在1904年，英国的地缘政治学家麦金德就曾将欧亚大陆形容为

“世界岛”，把中亚称为“心脏地带”，而“渝新欧”铁路无疑成了直通世界心脏的一条主动脉。它的最大意义在于，加强了“世界心脏”东西两个区域间的人流、物流和信息流的交换，完善了“世界岛”资源配置的合理调剂和科学布局，对欧亚大陆经济增长将起到积极的作用。“渝新欧”国际铁路大通道国内段途经西安、兰州、乌鲁木齐等大中城市，国际段贯穿哈萨克斯坦、俄罗斯、白俄罗斯、波兰，最终抵达德国。由于整条铁路都采用标准化轨道，使用中国的技术和设备，一路直达欧洲，中途无须重新周转装卸，将大大减少货物运输过程中的周转流程，降低成本和消耗，极大地缩短运输时间。

动工之前，中国曾与沿途国家进行过多次谈判，尽管遇到一些波折，但因为能给自己国家带来种种利好因素，最终得到了大多数国家的支持和配合。与此同时，为进一步推动中欧之间的贸易合作，全面带动中欧陆路运输的发展，一条国际公路也被纳入计划建设日程，将天山贯通，开辟两个大隧道，把中国到欧洲途经的这些地区也全部连接起来。此外，一条连接中国西部地区和南亚的铁路也将计划修建。如此一来，中国西部地区的运输网络大框架基本形成，对未来西部区域和整个中国版图上的交通乃至世界经济、文化、政治等各个领域的发展交融、资源配置和发展格局的重新布设都将起到不可估量的影响。

“渝新欧”铁路的开通给“中国内陆产品走出去”提供了便利通道。以重庆为例，重庆是非常有特色的川辣的代表地区，生产的辣酱想要进入欧洲市场，以前可以走两条路：一是通过铁路运输从重庆到深圳或上海的港口，装船后再南下穿越马六甲海峡，到达欧洲需要近一个月的时间，这个过程中辣酱被反复装卸，运达时成了什么样子就很可疑；二是直接坐飞机空运，1 天就可到达，但只为一袋辣酱，运输成本未免过高。而该线开通以后，这一过程只需 13 天时间，与海运相比，时间节省了一半；与空运相比，不仅成本大幅降低 ，而且更安全。正因这一运输成本优势，沿途各国的企业都高度关注“渝新欧”国际铁路大通道建设的每一步。可以说，每一次成功、每一寸进展都让亿万斯人脉搏加速、浮想联翩。2010 年 6 月，在“渝新欧”国内段试运行尚未开始之时，比利时安特卫普省长卡西·贝嘉蒂就造访了重庆、西安等地，双方在交通、物流、经贸等方面合作的潜力进行探讨，并在重庆设立了办事处。2011 年 2 月，哈萨克斯坦、吉尔吉斯斯坦、乌兹别克斯坦、塔吉克斯坦、阿塞拜疆、蒙古等中亚六国的货运代理协会组团到达重庆，共同讨论如何利用“渝新欧”国际铁路大通道，增进与中国内陆的贸易合

作。随后，德国、匈牙利、奥地利等国政府也纷纷组织企业到重庆考察，希望设立物流公司或办事机构。

首先反应过来的是那些跨国物流企业，丹麦马士基、日本富士通旗下的富太通物流等世界物流巨头纷纷来到重庆，为未来的物流市场提前预热。“渝新欧”线上另一重镇西安，也迎来了5家国际物流企业。可以预见，“渝新欧”铁路在未来将会不断提速，而提速后形成的全程高速铁路格局的威力将会更大：首先，它将助推中国树立陆上贸易强国的地位；其次，在当前中欧经贸合作不断深入的背景下，“渝新欧”铁路的建成和运营将进一步拉近中欧间的距离；再次，这意味着中国高铁将惠及欧亚大陆，并直接关系到中国的外交政策调整。这条铁路线的建设，让我们看到了铁路国际化的诸般妙处。未来，中国高铁的发展势必走上世界一体化之路，从而为世界各国人民的出行和运输提供最优质的服务。

时下的中国高铁，正渐渐成为中国领导人在高层外交场合最乐于推销的产品之一，成为中国最富有科技含量和亲民性质的高科技产品的代表。2013年10月，中国国家主席习近平在访问印尼、马来西亚等国时表示，鼓励中国企业积极参与马来西亚高铁建设。国务院总理李克强在访问泰国期间与时任泰国总理英拉共同出席“中国高铁展”，两位领导人的“背书”迅速得到了东盟国家的积极回应。2013年10月下旬，来自东盟十国的经贸部长团就乘坐高铁从上海赶赴北京，被李克强称为中国高铁名副其实的“路演”。而2013年12月28日与厦深铁路同期开通的柳州至南宁客运专线、衡阳至柳州、南宁至北海、钦州至防城港等多条线路，均位于中国与东盟合作的前沿——广西壮族自治区。同日，厦深高铁客运专线的开通，让两地之间的通行时间从13小时缩减到4小时，高铁犹如书画家的笔，顷刻间展开了一种全新的意境，让中国沿海经济最为活跃的长三角、闽三角、珠三角首次直线连接，令分布在这些地区的中国城市群，由此可能形成与美国东北部海岸、日本濑户内海带相媲美的“世界级城市带”。衡柳铁路将成为中国通向中南半岛的国际通路；西宝高铁对增强亚欧大陆桥通道运输能力，促进新丝绸之路沿线经济社会发展具有重要意义；渝利铁路将为中国中西部地区加快发展提供可靠的运力保障。中国内地高速铁路的发展正像条条树根一样，为中国高铁未来向国外发展打下坚实的基础。

中国大地上目前所建设的“四纵四横”高铁网，将中国东部、中部、中西部地区大多数城市圈入其中，形成了环渤海、长三角、珠三角三个城市群的轨道交通网，这必将引发各个区域经济的重新洗牌，进而带动周边城市的经济发展，成为我国区域经济发展的新引擎。中国“四纵四横”高速铁路客运网建成并投入商业运营，成为全球最大最快的高铁运输系统，中国大地上将出现“一日生活圈”，异地同城的效应将自然地显现，同时带来了人们生活方式的改变。而对世界其他国家的人们而言，加速城际间的交流也已成为大势所趋，中国高铁的纵横发展模式也会因此成为其他情况相近国家效仿的对象。

高铁网与城市快速通道和公交化运营的完整统一，是目前中国高铁车站运输一体化模式的主要内容。这不仅缩短了城市之间的距离，也让城市里人与人的距离骤然拉近，人们的交往区域扩大、交往方式更加趋于多样化。以沪宁高铁为例：随着沪宁高铁的开通，上海到南京约需要1小时，由于采用公交化的运营方式，最大限度方便了来往两地的旅客。而广深港高铁建成以后，从香港到深圳，从广州到香港分别只要十几分钟和三十几分钟。从此，香港人可以到广州或深圳上班，广州和深圳人也可以到香港就业。下班后可以照常地回到香港或广州、深圳的居住地生活，这就必然会出现“工作生活双城化”，房子两地买，婚姻周末化，社交多城网络化的全新生活方式。生活方式的改变，将有可能给人们带来更舒适的感受和更多样的生活追求。

中国高铁，不仅改变了中国的交通格局，也颠覆着中国人的传统生活，深刻影响着国家经济、社会、文化等各个领域，引领中国迈向一个崭新的时代。2014年2月27日，习近平主席在提到北京的城市发展问题时，提出推进京津冀协同发展的构想，强调对京津冀协同发展的认识要上升到国家战略层面，而中国高铁为这种发展提供了最有力的支持。在将来，解决中国经济发展所遭遇的瓶颈问题，解决中国汽车尾气排放等环境污染问题，中国高铁都负有不可推卸的责任。但与此同时，我们应该看到，高铁网络建设也会带来一定的负面效应，高铁网络织就大城市间的紧密连接也同样会引发新的问题。高速铁路的开通所带来的流动便利，使城市间生产要素的流动随之加速，进而促使资金、人才、信息等向发展环境优越、行政效能高的区域聚集。这样一方面，规模大、实力强的城市所获得的利益会更明显；另一方面，高铁经济的虹吸效应将导致投资环境不佳的沿线地区因消费水平低、经济发展落后、文化氛围不浓、城市环境不佳等原因，更加面临着人才、企业等流失的窘境，有可能形成非高铁经济带发展弱化的现象。如何科学布置高铁时代的经济文化发展新格局，因势利导、扬长避短，考验着城市建设和管理者们的智慧和能力。这也可能会在一些以农业为主的国家发展高铁时产生一定的顾虑。

按照国家中长期铁路网规划，到2020年，中国铁路运营里程将达到12万公里以上。而新建的高速铁路就已经达到1.6万公里以上；再加上其他的新建铁路和已有提速线路，中国铁路快速客运网将达到5万公里以上，连通所有省会城市以及50万人口以上城市，覆盖全国90%以上的人口。

无论低碳环保的社会效益，还是时速如飞的运输效率；无论强化相邻城市的“同城”效应，还是加快中国工业化和城镇化的步伐；无论缩短区域和城乡间的时空距离，促进人才、信息等要素的实时交流，还是实现区域和城乡协调发展；无论形成完整的高科技产业链条，还是促进产业结构优化升级，推动经济增长方式可持续发展……高铁都将为我国经济、政治、文化和社会的发展起到如虎添翼的作用。中国高铁的这种发展模式，将会引发世界各国的关注和思考。目前，研究中国高铁经济的西方学者已越来越多，而近期关注中国高铁文化的学者也逐渐与日俱增。

中国高铁技术的日益成熟让中国高铁走向世界的步伐更加坚定自信。迄今为止，中国铁路没有和任何一家国外公司产生知识产权纠纷，并已申请专利900多项，正在实现技术专利化、专利标准化、标准国际化。与欧洲、日本等同行相比，中国高铁及相关设备制造业的优势不仅仅体现在技术最全、集成能力最强、运行速度最高，而且体现在低成本和建设的高效率上。截至2010年底，中国已和全球50多个国家和地区建立了高速铁路合作关系，总合同金额高达260亿美元。据估算，2020年前，海外高铁投资将超过8000亿美元，其中欧美发达国家的投资额为1650亿美元，带动其他产业创造的市场规模达7万亿美元，这一数字同时也意味着，中国高铁已经迎来了前所未有的走出国门的发展机遇。中国高铁国际化的春天已经到来。

对于当今世界而言，高铁已经不仅仅是一条高速铁路，它带给人们的是舒适、便捷和更多的生活选择，带给企业的是机遇、挑战和更多的希冀，带给沿途城市的是共赢、发展和腾飞，更会给所有人带来的是信心、梦想和希望。有了高铁的持续发展，“中国梦”的实现已经不再缥缈；有了中国参与世界高铁的建设，更多国家的人们享受风驰电掣的感觉已经不再是遥远的梦想！中国高铁梦也是世界之梦，中国高铁不仅改变着本国的经济发展格局，也会随着在世界各国修建高铁,进而改变世界经济发展格局,最终还有可能对国际政治秩序产生重大影响。

我们有理由相信并满怀期待:未来世界高速铁路建设之路上,中国高铁的发展将描绘出更加优美的画面,中国创造的高速动车会像风一样穿行在世界各国,让世界人民感受飞翔之美,在梦幻般的时空穿梭中,在东西文化对比中获得更多快乐。中国创造会让世界刮目相看,中国所营造的现代科技文明也会像儒家文化一样普惠世界!

【第六章】
最完美的抵达

长城孕育了两千多年的灿烂文化，是中国永不衰竭的精神图腾；而中国的高铁技术也成为全国人民心中的旗帜，这一方面是因为它是当前中国国家富强的象征，另一方面则因为它惠及更多的普通人。中国人从来没有像今天这样，享受快速出行的自由。高铁之美，美在一种飞驰欲望的达成，美在设计理念的提升，美在制作工艺的精巧。从车站到动车，从大城市到中小城市，高铁所蕴含的细节之美无处不给我们带来一种清新之意境、艺术之感受。高铁帮助中国人享受了最愉快的旅行，实现了最完美的抵达。

中国高铁的完美抵达，来自于对每个细节的不懈完善。无论从宏观上审视中国高速铁路网的整体布局、条条高速铁路线上车站的设置，还是以微观上观察每条高速铁路线的具体建设过程，工程技术人员的匠心独运都给我们营造出种种细节之美。无论是中国机车制造过程中一路走来的严谨与创新，还是中国产业工人驾驭高铁过程的细腻与突破，都体现了对细节的关注。细节成就了中国高铁，也正是在细节中，中国高铁完成了对国人的科技人文情怀的观照，最终成就了中国高铁之大美。

▲ 高铁的快速和舒适，让中外乘客欣喜不已。

中国高铁的完美抵达还体现在技术与管理的密切结合上。任何高新技术手段的实现，都离不了人的最伟大的贡献。中国高铁技术在短短数年内达到了国外高铁几十年才能达到的高度，这是中国高铁技术在严谨的作风传承中发展的必然结果，更是中国高铁技术与管理亲密结合的产物。在管理与技术的结合中，中国人得到了最佳的锻炼机会，中国的高铁因之才有了今日辉煌的成就。

速度成就梦想，速度体现完美，速度成就高铁的辉煌。中国高铁所完成的最佳速度，是中国人顽强不屈、自我砥砺、不断创新的结果，也是中国人意志力和实干精神相互促进的结果。从中国高铁建设的速度上，你可以体会到“石油工人一声吼，地球也要抖三抖”的气概；从中国高铁动车组提升动车速度的频率上，你可以体会到老一代铁路人“自力更生、艰苦奋斗”的精神气质至今仍在；从中国高速铁路人茁壮成长的历程中，你可以领略到信息时代国人应对世界挑战的信心和力量。中国高铁所营造的中国速度是一种全新的速度体验，是国家富强起来的速度与动车行驶速度的结合，是时代精神和动车精神的凝结，是个人奋斗与国家意志的统一。中国的高铁速度，体现的是当下中国人的情怀，体现的是中国人在追求中国之梦的征程上的内生驱动力。

中国高铁呈现给国人的也包括中国高铁工人的精神内核。从计划经济时代走过来的中国高铁人，传承着中国铁路半军事化的血脉传统。在中国高铁的发展过程中，从土木工程建设工人到动车组的一线制造工，从奔波工地的技术人员到运筹帷幄的管理者，中国高铁呈现了中国高铁人独特的精神之魂。这就是自强不息、孜孜以求、牺牲自我、不断创新的追求精神；这就是心系国家、胸怀世界、与时俱进的时代精神；这就是与民同在、靠科技抵达人文关怀境界的服务精神。中国高铁人精神的自我净化、自我完善、自我提高的塑造过程，使得中国高铁在完善路网的同时，培养了一大批以国家和民族利益为己任、将踏实苦干与科学精神完美结合的新一代产业工人，他们是中国高铁建设对中国当下和未来最大的贡献。中国自古不乏为民请命的人，但在渐渐趋向浮躁的当下社会，在越来越信息化，人人都可以成为置身事外自诩超然的评论者的时候，中国高铁人所拥有的这种为了中国梦的实现而埋头苦干的高铁精神尤其令人钦佩！

中国高铁在发展过程中所体现的通达之美，构成了世界之美的一部分。如果说，曾经的中国文明启迪熏陶过全世界人民，那中国高铁所形成的科技文明之风则重新吹拂了世界。不仅中国人民无比高兴，外国朋友也为之兴奋。中国在短时间内形成的高铁网络，已经吸引更多的外国朋友关注中国，关注中国的新文明生态的发展。

完美的抵达来自于细节的完善

任何达到极致的技术都是由诸多精细的环节所构成，整体的完美来自于细节的完善。高铁工程也不例外。从宏观上看，高铁工程是大气磅礴的，并呈现出十大优势：全天候、运能大、速度快、能耗低、污染轻、安全系数高、土地利用率高、正点率高、乘坐舒适方便、效益好等。诸多优势使高铁成为人们出行的首选交通工具，并悄然改变着人们的生活。高速铁路给人们带来的不仅是舒适的乘车环境，便捷的出行方式，更加快了城市间的一体化趋势。高速铁路是在全封闭全立交中自动化运行的，有一系列完善的安全保障系统，其安全程度是任何交通工具都无法比拟的。而十大优势更多来自于技术系统的支撑，没有这些支撑，难以想象高铁的抵达之美如何实现。

窥一孔而知全豹。以京沪高铁为例，我们分析一下它所具备的技术和经济优势。其一，运能大：京沪高速铁路设计的列车最小追踪间隔为3分钟，大量开行动车组列车，实现高速条件下的大运量、高密度运输。京沪高速铁路基础设施设计时速为350公里，全程运行时间在5小时左右，全程运行时间与乘飞机的全程旅行时间基本相当（这里说的全程旅行时间包括从出门到最后抵达目的地的所有时间）。其二，全天候：高速铁路受气候条件限制小，列车可以按规定时刻到发与运行，这是比航空、公路、航运等其他交通方式更有利的特征。其三，正点率高：高速铁路系统可靠性高，运输组织先进，能实现旅客列车很高的正点率。其四，舒适方便：高速铁路列车密度高、公交化，旅客基本上可以随到随走。车内环境优雅，座位宽敞舒适，设有无障碍车厢，运行平稳，减震、隔音效果好。其五，能耗低：研究表明，若普通铁路每人每公里消耗能源为1单位，则高速铁路为1.3，公共汽车为1.5，小汽车为8.8，飞机为9.8。其六，污染小：高速铁路为电力牵引，基本上消除了粉尘、煤烟和其他废气污染。动车组污物零排放，噪声比高速公路低5至10分贝。其七，土地利用率高：在相同运量条件下，一条高速铁路相当于一条6车道高速公路，其土地利用率比公路高约40%。可见，京沪高铁不仅能大大提高现有铁路系统的运力，还能提高整个铁路网络的运行效率，使人们的出行更加方便快捷；同时，京沪高铁的建设还能带动地方经济的快速发展，促进优势资源的有效利用以及铁路沿线资源的合理配置。从更大范围来看，我国虽然幅员辽阔，资源丰富，但人口众多，进而使得人均资源占有率大大减少，在土地资源上尤为显著；众多的人口还使得生态环境的保护面临更加严峻的挑战。京沪高铁通往人口密集地区，这样不仅能合理利用土地资源，还能降低环境污染，实现了促进地方经济发展与环境保护的双重作用。

那么，京沪高铁的这些技术优势来自于什么？来自于无数工程建设者风餐露宿的拼搏，以及对工程细节的完美追求；来自于机车设备制造者的苦心钻研，孜孜以求；来自于高铁管理者在运营过程中的严格管理，精细控制。细节的完善，是京沪高铁趋于安全完美的关键所在。

在如风一样飞驰的过程中，安全始终是第一要素。最完美的抵达源自于最完善的细节，从技术到管理，从车上到车下，从站内到站外。很多业内人士对我国高铁系统实行的集约化管理颇为自豪。在半军事化管理的高铁生产工厂里，每一个零部件的加工、生产都环环相扣，每一个细微的环节责任都落实到了个人。在列车底部，每颗螺丝上都画有一条线。有的管道上还附有一张信息卡，上

▲ 中国南车员工以高度负责的精神对车辆进行严格检测，他们在进行出厂前质量把关程序。

266
286
302
和谐号

面具体记录着生产加工工人的名字。列车试运行一段时间后进行例行检修时，如果螺丝上的线不在一条线上，就说明这颗螺丝拧得不合格，同时也能知道这颗螺丝是出自哪位工人之手，任何时候都能找着责任人。每个工序、环节、零件都是一样的管理模式，在国外的生产线也很难做到这一点。这种质量的可追溯性，让每位操作者对高铁充满责任感，每个细节都要做到一丝不苟。

高铁机车头的各种智能系统堪称世界一流，不仅可以自动调整车速，避免追尾，还能够实现预警功能，并报告前方路面情况，若有问题就能够紧急停车。据了解，CRH380A 全车组共安装有 1054 个用于监测设备工作时的状态和参数变化的传感器，以实现提前预警。

紧急制动（刹车）也给安全提供了抵御事故的最后一道防线。CRH 系列车型有多种制动模式，甚至可以靠紧急断电来停车。除此之外，列车身板也十分结实，有很好的“抗压性”，而挡风玻璃连 1 公斤的飞来“横石”也不惧怕。

在京沪高铁上，我发现，不同的动车组开门装置设计各有千秋。南车和北车的设计风格不同，但都给人一种舒心实用的感觉。当动车停靠站台时，在动车组和站台之间，有一条小小的空隙，这条空隙容易被旅客忽略，成为安全隐患。高铁动车组的设计者们设计的动车组列车，在车门轻轻打开之后，一块顺接的踏板会轻轻地将站台和车厢连接起来，完美而优雅的姿态很像绅士的手势，让你悄然感受到旅途的惬意。我为此特意拍摄了几段视频以追踪这个细节。在享受动车车门开启的那一瞬间，我不由自主地想，中国的列车制造者们，该是以怎样的心情和态度把动车加工成旅客青睐的交通工具？研究高铁车厢里的每一个细节时，我时常会感到惊讶，高铁技术发展到今天，已经不单单是简单的技术问题，它已经回归到人文的本质。

中国高铁对细节的追求已经从技术挖掘过渡到技术和人文的完美统一。在核心技术制造上，中国高铁更是精益求精。这就不能不说到动车组的四大关键技术了。区别一列动车组的知识产权归属要看四个关键部分：车头造型，转向架构造，车体强度密封，网络控制系统和牵引系统。中国高铁动车组目前的三个主要生产厂家无一例外都十分关注这些。以 CRH380A 为例，作为四方公司的拳头产品，它在高铁的这四大关键技术领域都有了全新的突破。

车头造型：CRH380A 的头型由四方公司自主设计。头型的重要性不只是为了追求美观，而是与列车的空气动力性和安全性高度相关。开发该头型时，按照新车的速度等参数并依据已有的技术知识形成初步概念，最初设计了20个造型形成图纸和模型；然后根据表征和技术要素，从这20个初步方案中筛选出10个进行初步仿真分析、计算、验证；紧接着从筛选出的10个仿真模型中选出5个做风洞模型试验，并进行精细化计算验证和模型实物验证；再从中选出2个做1:1实物的工艺验证；最后选定1个投入生产。按照此流程开发出来的380A头型，不仅与世界上任何列车的头型都不一样，而且在开发的起点上连四方公司的工程师也无法预料结果。在试验过程中，从第一管理者到现场技术人员，中国高铁人都像挑选宝贝一样在现场分析比对模型，互相争论，大胆设计与小心求证相结合，走过了艰难的探索之路。

转向架的构造：转向架的设计是动车最关键的环节，是列车安全的最重要保证。当列车时速从200公里变成350公里，就要求转向架的构造发生重要变化。比如，高速运行时对转向架会产生新的损害，不仅频带加宽，还要考虑气流影响风的作用，各种因素的作用结构变得更复杂。考虑到速度变化导致的所有这些变化，构架的承载能力、车辆运行的安全舒适性、悬挂系统的防震减噪、轮轨和制动装置的关系就都必须重新找到解决方案，而且要解决相关装置和系统之间如何匹配的问题。由于CRH380A的速度大大超过CRH2A，其转向架必须重新设计。这不仅要求足够的技术积累，并理解技术的科学原理——动力学、结构强度、一系列刚度等等，而且要求新的材料。通过分析和理解所有影响产品性能的因素，四方公司终于找到了解决方案，最后通过系统匹配的技术能力设计出CRH380A新的转向架，在试验台架上跑出的最高时速超过550公里。之所以说中国高铁由中国制造转向中国创造，就在于后来开发的各类动车组无法全盘依靠引进的高铁技术，只能通过周密的试验，重新获取数据，重新设计和制造出完全新型的产品。这种产品对高铁设计者而言，也难以"先入为主"的观点进行设计，而是伴随着很多细节考量。

车体强度密封：提高车体"气密承载能力"的技术关键是车厢壁板的结构（壁板由双层铝合金板通过一定形状的金属结构连接组成，结构连接点的中间是空的）。由于气密强度和速度的幂次方关系，CRH380A的壁板不可能从CRH2A的壁板改进而来，必须由开发者通过试验测出速度数据，并根据这些数据进行设计，然后考核车体设计的气密疲劳度再加以修改。四方制造车间对CRH380A壁板的完全改进，其截面完全不同于引进车辆。这种改进源自于严格的试验细节，细节性的试验始终是驱动高铁各个部件和系统改进的关键。

网络控制系统和牵引系统：动车组网络控制系统的主要作用，是实现对各动力车的控制；实现全车所有由计算机控制的部件联网通信和资源共享；实现全列车的制动控制、自动门控制、轴温监测和空调控制等功能；实现全列车的自检及故障诊断决策。

株洲机车车辆研究所是专门对高铁相关新技术进行研究的单位，它在受让网络控制系统产品制造、测试技术之后，依托自身长期积累的技术能力，迅速掌握所有核心技术。在统一动车组网络技术构架和功能界面需求之下，株洲所自主构建的 CRH380A 网络系统构架和产品配置，较引进车型可以更大数量和范围地满足动—拖车辆控制需求，实现列车信息管理、列车控制以及与牵引、制动、旅客信息等子系统的信息集成。并且进一步创建和丰富列车设备和安全监控功能，实现信息网络检测、管理、共享、车地无线通信等技术突破。针对时速 500 公里动车组，株洲所采用了具有完全自主知识产权的符合欧洲标准的 TCN 技术，并引入工业以太网技术，更有发展潜力。

在牵引系统方面，株洲所和南车电机为 CRH380A 提供的牵引系统轴功率已经超过 400 千瓦，而 CRH2A 的功率不到 300 千瓦。牵引系统主要参数的变化，意味着主要部件，包括变压器、牵引变流器、电机都要进行重新设计。这些部件的设计、制造、试验、考核全部打上株洲所等企业的烙印。株洲所为高速试验动车组（时速 500 公里）提供的牵引系统功率达到 600 千瓦，已经为高速动车组奠定了新一代牵引系统平台。未来中国高铁的逐渐提速，正是得益于这些细节的完善。中国高铁从细节中走来，靠细节成就今天的辉煌，也必将通过细节的完善，开拓未来的疆域，进而完成最完美的抵达。

在四方公司，我能在每一个细节中感受到设计者和员工的精心设计与制作，这种细节的完美直接成就高铁的品质。每每在感叹中结束采访时，我总会对每一个细节产生万般回想。中国高铁技术发展之初的技术引进成就了我们高铁事业的起点，但要想达到不依托外国技术、不受制于外国厂家，还需要中国人付出艰辛的努力，所以，后期中国高铁的品质更多地依赖的是中国所有参与者的精心设计、精心制作和精心施工。在民族振兴的道路上，为了一个国家的繁荣与富强，为了民族工业的振兴与强大，为了人民的福祉和希望而认真工作注重细节的人们，给社会带来的贡献往往更大。在采访高铁技术人员时，我能感受到高铁建设者那种对高铁细节近乎完美的追求。列车上的不少细节体现了对人的关怀:列车上设计了充电电源插座,如果乘客随身携带的电子产品没电了,可以随时充电;每节车厢内都安装了电视机,而座椅扶手的侧边,还有耳麦插孔和音量调节键,可以随时调节电视的音量。残疾人卫生间不仅设有残疾人专用的扶手设施,还有急救呼叫按钮。

孙斌斌是中国北车集团唐车厂资深焊接专家,也是取得国际焊接教师资格的第一位女性。2006 年至今,这位年轻漂亮的女性,先后获得了“国际焊接技士”、“国际焊接技师”和“国际焊接教师”等资质,在她的直接指导下,400 多名出色的国际铝焊工被输送到高速动车组生产一线,他们如今已是时速 350 公里和时速 380 公里高速动车组铝合金车体生产的中坚力量。2006 年 4 月,孙斌斌以焊接考试第三名的成绩与其他 11 名焊工一起,奔赴德国进行为期6 个月的培训,在德国的课程改变了孙斌斌的焊接技术和思考问题的方式,“表里如一”成为孙斌斌后来工作的唯一标准。同时,她也完成了由被德国人培训到培训德国人的角色转换。2008 年 1 月,孙斌斌再次被选拔到世界焊接最高学府——德国 SLV 进行焊接教师的培训;而此次她还有另一个身份,就是作为外籍教师在西门子公司进行学习并培训德国焊工。“作为一名中国人,能够站到讲台上为外国人做焊接演示,感觉特别自豪,心里只有一个想法,就是一定要拿出最高水平为咱们国家和唐车争光。”当年敢与德国老师 PK 的中国姑娘,如今已是“桃李满唐车”。而在三个动车组制造厂,像孙斌斌这样的女焊工绝不止一个,孙斌斌只是她们中间的杰出代表。她们从不畏惧焊接的辛苦,力争靠自己精细的把握抵达最高标准。焊工们为此展开了比武竞赛,为了高铁事业,她们把对待孩子般的精心用到了焊接上。

在南车、北车采访,工人们在告诉我技术攻关细节的时候,我能清晰地捕捉到他们为一项技术创新的实现而眉飞色舞的兴奋神情,而对他们尚在上学的孩子的诸多情况却不甚明了。在京沪高铁公司采访总工程师杨启兵时,这位在京沪高铁建设期间一直担任工程部部长的技术人员,对一些工程细节的描述让人叹为观止。但当女儿中考时,他正在一线,完全没有精力去关心;当女儿中考失利躲在屋子里不愿意出来见他时,杨启兵才骤然感到自己没有尽到一个父亲的责任。京沪高铁运营后,有大批的技术问题等待着这位总工去关心。加班到深夜,饿了吃包方便面对他而言是常事。作为他曾经的同事,我每次和他相约,总是短短的几句就结束了谈话，他实在是太忙了，忙得顾不上打理自己和照顾家庭。在京沪高铁筹备、建设、运营期间，又有多少像杨启兵一样的同仁为高铁事业不顾自己的身体，不顾自己的家庭！他们没有靠夸夸其谈赢得别人赞许，也没有靠投机取巧获得个人晋升，更没有因利益的诱惑而挪动双腿。无论采访哪一个人，我都明显感受到高铁人有一种风风火火的劲头，有一种把中国高铁做到极致的冲动，有一种以国家和民族利益为先的自我牺牲精神，更有一种打造高铁美好明天的信心和决心。他们每个人的细节追求，都会给我一种全新的感受。中国高铁人对细节的追求，值得我们许多国民深深参悟。

细节成就高铁，细节发展高铁，细节完善高铁，细节也让高铁人学会了自我完善。当我们今天乘坐高铁畅游四面八方时，我们所能感受的细节之美正是来自于无数高铁人的默默奉献。他们是新时代最可爱的人，他们是实现中国梦的埋头苦干者，他们是学会运用现代化的工具向高新技术进军的知性建设者！

技术与管理的结合保证高铁安全畅通

中国人最初看到尿不湿的时候，很是为这样的设计而暗暗称奇，后来才知道，原来这东西最早是为了宇航员在太空中生活而设计的，只是随后才渐渐普及。世界上每个国家高新技术的发展，都是依靠大批的科学技术人员来完成的。在中国高铁技术发展史上，这一规律依然适用。正是因为中国铁路系统有大量的技术储备和技术力量，中国高铁技术的创新才成为可能；同时，中国高铁的发展也必须仰仗更加科学的管理手段，才能做到技术和管理的完美统一。其实，管理和技术问题密不可分，任何技术都需要管理，而管理同样离不开技术的支持。如果说高铁腐败案造成了铁路管理的一度失控，如果说高铁事故暴露了中国高铁技术的发展不足，那么此后，中国铁路实施的一系列更加严格的管控制度，则直接提升了中国高铁技术的品质。从制度层面着手完善运行、监管机制，不仅为中国高铁发展重新提速注入了动力，也让中国公众和国际社会迅速恢复了对中国高铁产业的信心与期待。

中国高铁在诞生初期发生的一些安全事件当然不是我们愿意看到的，从事物的发展规律而言，它们显示了中国高铁在由普通铁路快速转型到高速铁路的过程中所产生的技术和管理上的短暂缺位，但这一切也意味着对中国高铁的考验和调整。记得我当时回故乡，好多人问我高铁又出事了吧，我都无法向他们进行客观的解释。当时，高铁每出一次事，就为反对高铁建设的人带来一波有力的反对依据。当然，也有理性的国民，能在事故的蛛丝马迹之中，感受到中国高铁的进步。记得我曾在买书时碰到一位老售货员，听说我曾在高铁公司工作过，他立刻表示出亲切和友善。他对高铁大加赞赏，同时对当时公众误解高铁表示遗憾，更因为部分媒体对高速铁路的全面否定而愤愤不平。中国铁路的发展和任何国家的铁路发展一样，遵循的是一种技术和管理双轮驱动向前发展的客观规律，它不会因为人们的过度赞美而更上层楼，也不会因为人们的过分质疑而失去价值。

寄托着中国人希望的高铁，人们对它的最大期待当然是安全、舒适；但要求高铁在发展中毫无瑕疵，这也不够现实，最完美的抵达往往需要对最完美的追求来实现。高铁其实和世界上所有的交通工具一样，不能保证绝对的安全，正如许多空难都是各种自然因素和人为因素相互影响相互作用而引发一样，高铁事故的发生也是在各种因素的综合作用下发生的。要想让高铁安全地飞驰在大地上，高铁技术就必须过硬，管理就必须严格。

对技术的追求是永无止境的。中国高铁发展的成功之处，就在于解决了“中国制造”中通常存在的问题。“实践是检验真理的唯一标准”，高速铁路技术领域的基础理论研究往往和生产一线紧密相关。为了实现技术积累，创建属于自己的高铁技术，在引进国外先进高速铁路技术的同时，我国还向西门子生产车间、庞巴迪组装线以及川崎重工焊接工地派遣了一批技术骨干和技术工人，进行相应的技术交流、学习和培训，这为我国全面掌握高速铁路技术中的交流电力机车总成技术，实现国外先进高铁技术从引进到本地化奠定了坚实的基础。同时我们更应该看到，我国高速铁路技术的发展毕竟相对较晚，要想一下子把人家所有的东西都学过来，既不现实也不可能。其中的难关，除了对方的技术封锁以外，更在于中国高铁建设所面临的复杂地质环境和长大线路的变化，对许多高铁技术发达的国家来说也从未遇到。尽管做过很多严谨的试验，中国高铁仍不能在短期内穷尽所有的可能性，更何况有些高速铁路所需要的高铁技术，需要更大量的试验次数和长久时间的验证。中国高铁早期引进技术的步伐走得过快，造成在最初一段时间消化不良和技术管理手段的跟进缺位，这都意味着对技术和管理的双重把握还有很多需要改进的方面。

高铁管理需要科学而严谨的制度和措施。中国高铁在摸索中前进，在前进中完善各项管理。正是通过一系列的制度重建，中国建立起了涵盖高速动车制造、高速铁路建设、高速列车组网路控制等高铁各个领域的完整产业链管理体系，实现了包括高速动车组领域的系统总成技术、牵引变压器技术、制动系统技术、网络控制技术等车内的各个大系统子系统的产业化，最终实现了从中国制造到中国创造的华丽转身。这种变化不容小觑，这是高速铁路相关产业内生动力的具体体现，也是中国高速铁路健康稳步发展的有力见证。

哈大、京沪等高铁的相继开通运营，标志着中国高速铁路的快速成长与发展，更是中国高速铁路技术本地化取得的丰硕成果。同时，中国高速铁路技术的快速发展将会在很大程度上促进城乡协调发展、区域的协调发展、资源的合理配置与优化、物流系统运输效率的提高、生态环境的改善，以及国家经济的进一步健康发展。

中国高铁技术工人对完美的追求是体现这种管理模式优势所在的典范。在中国高铁建设之路上，有不少工人相继成为管理能手。高铁的运行速度是技术与管理密切结合的产物。没有优秀高铁员工的支撑，高铁速度就会大打折扣。我们不妨看看对铁路司机李东晓的报道：2008 年 3 月 16 日，包括李东晓在内的 10 位北京铁路段的司机被选为中华人民共和国的首批高铁司机，当时他们甚至还不知道 CRH3 型国产高速动车操作台有多少个开关，而培训的时间仅有短短的 10 天。10 天以后，他们必须把共和国的首列动车组开回首都北京。对于一列时速高达 350 公里的列车，在 10 天内完全掌握其驾驶技术，难度可想而知，就连负责指导的德国专家迈克斯也连连摇头道："没有两三个月时间，你们是开不走的！"李东晓却与迈克斯立下赌约，"10 天开车回家"，赌注是佩戴在迈克斯胸前的高铁司机最高等级勋章。

CRH3 型动车组的时速高达 350 公里，是当时世界上速度最快的列车。CRH3 型动车组不仅时速快，车身结构也相当复杂，内部线路密排，十几万个零部件被整合在列车狭小的空间内，与之相对应的故障代码更是多达 2000 多个，从动车操控台上的十几个按钮一下子到高铁动车组操控台上的四五十个按钮，这就形成了操作如同排列组合，判断时间短到不及眨眼的难题。而培训期间的技术资料是一本 600 多页的德文资料，翻译又不是铁路专业出身，对专业术语的翻译更是让人不知所云，加之高铁动车组涵盖了包括材料学、工程学、信息科学在内的众多知识，这就更增加了翻译与理解的难度。李东晓他们必须从头学起。日以继夜埋头学习的李东晓，提出的问题常常问倒了德国专家，让“洋师父”不得不打越洋电话询问总部的总工程师。在培训的第五天，李东晓及他的同伴们不仅把德文资料全部理清，还编写出了一本铁路司机的本土教程。培训第七天，李东晓和同伴们已经把驾驶台上的术语背成了“顺口溜”，开着动车组在4公里的试验环线上不停画圈，操控自如。培训第九天，李东晓与同伴轮流驾车，又快又稳地把京津城际开回了北京南站。那天，迈克斯坐在司机座旁全程监控，列车到站的那一刻，这位“洋师父”如约摘下徽章，别在了李东晓的胸前。学成归来的李东晓等10名司机，从此成为中国第一批高铁司机的教练。

从这则报道里，我们可以感受到中国铁路工人的拼搏奋斗精神。和高铁司机一样，我们还有从事高铁一线施工的严谨的工程技术人员，有在设计领域大显身手的设计大师，还有奋斗在动车组加工车间的产业工人，还有在动车组上来回穿梭的检车人员。几乎每一个铁路人身上，都凝聚着一种精神，贯穿着一种拼搏奋斗的精神力量。这种精神能从他们执着的眼神中捕捉到，能从他们一丝不苟的工作态度上感觉到，能从他们快速适应高铁新技术和管理的挑战中领略到。中国高铁，就是这样在苛刻的时间要求下，在技术和管理的密切结合中，不断提升着技术管理的能力。

高铁的管理始终要依靠先进技术的支撑。作为铁路信息化、国家信息化建设的一部分，京沪高速铁路信息系统是综合了多学科、多专业的大型网络应用系统，为调度指挥智能化、客运营销社会化、经营管理现代化提供了技术支撑与保障。

以京沪高铁建设为例，我们可以看到：京沪高铁工程建设以系统互联互通、信息共享为原则，以运输组织、客运营销和经营管理三大应用领域为重点，以客运服务为主导、综合运用多专业运输数据的信息共享模式，集互联网售票、电子支付、实名制自动售检票、视频监控、旅客服务集中管理等多项新技术为一体。它首次在信息工程中采用视频监控与互联网技术，建成覆盖全线的维修保养点，动车运用检修所的网络及维管系统，与沿线公安局、处、所及警务区连接的四层公安信息管理系统和三级指挥中心，实现了全线给水集控系统模块化、网络化，全线各站信息机房及配线间的自动监控，并为车站和大型建筑物能源应用管理和节能控制提供了网络平台。工程建设中运用铁路建设项目管理信息系统，以传统工程进度、质量资料及现场管理的网络化、信息化和路局级竣工档案全电子化的创新性应用，实现了京沪高速铁路信息系统工程建设、运用、维护全面信息化管理。

经营管理应用领域包括与运力资源管理、经营资源管理、办公信息管理相关的动车运用所管理、综合维修保养点、动力环境监控、给水集中控制、站房能源管控、建设管理、公安管理、办公管理等系统。在京沪高速铁路沿线，济南、南京南、上海虹桥3处设置了动车运用所管理信息系统；天津南—上海虹桥等19个驻站派出所和玉泉营—葑浜等警务区新建了公安管理信息系统；廊坊—上海虹桥站等15处设置了综合维修保养点的维修管理信息系统；沿线多个车站和济南动车运用所的信息机房和配线间部署了动力环境监控系统；天津、济南、徐州等6个段调度所新建给水调度中心；沿线数个车站与虹桥动车所部署了站房能源管理系统。这种技术中蕴含管理、管理中藏有技术的科学管理系统在其他各条高铁线上很快得到推广，中国高铁不断完善着这种技术管理手段，靠技术和管理为飞驰的高铁保驾护航。

在崎岖和委屈中发展的中国高铁，最终走进了中国人的日常生活。尽管它发展的每一步并非都是完美的，但中国高铁一直走在追求完美的路上。迄今为止，中国高铁获得了阶段性的成功。中国高速铁路的发展与成功说明，要想缩短与发达国家的技术差距，并实现完全超越，必须走符合国情、符合自身发展规律并具有中国特色的发展之路，就必须做到技术和管理的密切结合，必须培养和发现一大批的技术和管理人才，必须坚持理性发展、科学发展之路。

体验穿越快感　改变时空人生

人类追求铁路提速的历史，也是人类不断解放自己、抵达自由境界的历史。今天的中国人也开始体验穿越的快感，体验时间的浓缩和空间的拉大带来的生活方式的巨大变化，体验国家的美好和生活的幸福。当信息快车给无数网民带来四面八方的信息汇聚时，高铁则为国人亲身体验各地风土民情提供了更多的可能。

1994年5月，历经7年的建设，穿越英吉利海底隧道并把伦敦、巴黎和布鲁塞尔三个首都连接起来的“欧洲之星”列车线开通，其单程运行时间仅为3个多小时，很多人曾经梦寐以求的生活场景，真的出现了：居住在伦敦的Marry早晨从伦敦出发，在巴黎享用精美的法式午餐，下午在“老佛爷”购物，傍晚又准时出现在伦敦著名的大剧院观赏演出。如今这一天方夜谭般的梦境也在中国大地实现。仅仅5个小时的旅程，我们就可以早晨在北京醒来，中午到上海吃江南美食。京沪高铁的开行已经为沿线民众提供了一天逛两三个大城市的可能，这不再是遥不可及的梦想，而成为一种可以实现的图景。

据报载，中国一项宏伟的新计划，是只用2天的时间就将乘客从伦敦国王十字火车站运抵北京，与伦敦相隔8000公里的北京一下子变得不再遥远。接下来经过1天，到达距伦敦1万公里之外的新加坡。中国希望在未来10年内建成通往印度和欧洲的高速铁路网。这一规划中的高铁网络可以让乘客从伦敦直达北京，再转往新加坡。其中有兴趣的乘客还能去印度和巴基斯坦转一圈。另一项规划是修建一条穿过俄罗斯直达德国，并与欧洲铁路网相连的铁路。还有一项规划是修建一条能将越南、泰国、缅甸、马来西亚相连的铁路。对于这个项目，中国已与有关国家展开了相关谈判。这个铁路网将不仅能把中亚、东亚、东南亚连成一片，还会提高中国对于重要原材料的运输效率。2013年6月30日，地处欧亚大陆腹地、沉睡已久的“丝绸之路”被火车的鸣笛声唤醒。一列装有6万余台笔记本电脑、1万余台液晶显示器，价值千万美元的列车从重庆开往德国，经过总长1万多公里、历时13天的行程，该列火车到达了这次旅途的终点——德国杜伊斯堡。“渝新欧”高速铁路，第一次将中国和欧洲两个大陆板块如此紧密地连接到了一起，随之而来也必然会有经济、文化、贸易往来以及人员迁徙融合。舆论持有这样的观点：国际铁路通道的建成必将对世界格局产生重大影响。在这条曾经连通世界的漫漫长路上，装载着中国丝绸、茶叶、陶瓷制品的古老驼队，从黄河到恒河再到地中海，往来贸易，使各地文化相互融合，成就了世界文化史上一段大发展大繁荣的辉煌时期。途经中国西安，走兰州、乌鲁木齐，北过哈萨克斯坦、俄罗斯，再到白俄罗斯、波兰，最终停靠在德国的“渝新欧”铁路线，一头是债务缠身、饱受诟病的欧洲，另一端是发展空间巨大、资源储备丰富的亚洲内陆市场。由于铁路过境的中亚各国都有着丰富的资源储备，“渝新欧”铁路将为中国的能源供给开辟一条新路，它从诞生之日起就注定要肩负起现代新“丝绸之路”的神圣使命。可以预见的是：不久的将来，我们甚至可以像在自己一直生活的城市那样，去巴黎度个周末，去伦敦过个小长假。我们可以选择在我们喜欢的城市工作，同时在宜居的城市生活；可以随心所欲地到不同文化、不同地

▲ 飞跃燕赵的中国高铁，穿越的更像是历史。

域、不同民族、不同语言的地方去旅游；一家人即使分散在世界各地，团聚也没有太大障碍，我们再也不用像过去那样担心旅途遥远了。当未来时速 500 公里以上的高速铁路运行时，地球真的就只是一个大的村落，我们则是这个村落的自由村民了。

每个旅客乘坐高铁的体验未必是一样的。我见到过不少旅外华人专程回到祖国乘坐高铁的报道。中国高铁带给他们的无疑是巨大的享受。在中国，当很多旅客第一次乘坐高铁享受追风的快感时，他们的感慨也许是难以言说的。即使对那些每天把高铁作为出行工具的人而言，高铁之于他们的感受也是常坐常新的。更多的中国旅客喜欢用最直接的方式表达他们对高铁的情感，博客、微博和微信是他们抒发对高铁情感的平台。当我乘坐高铁，在时空变幻中寻找旅客的感觉时，我想任何叙述和描写都是片面的。高铁带给旅客的可以是思乡的情怀、对情人的依恋、对工作的忠诚、对未来的憧憬、对风景的欣赏、对民俗风情的向往。中国高铁以它特有的风姿，变幻着时空的色彩，改变着我们的生活。中国高铁，让旅客在穿越中抵达胜境，让旅客在享受中感悟美好的一切。

高铁之于乘客的美，就是让乘客实现了最完美的穿行，这种穿行体验帮助他们完成了他们梦寐以求的精神释放过程。乘坐高铁穿行在祖国大地上，窗外一帧帧画面飞速闪过，它们叠加、融合，令人目不暇给，思绪随之飞转。高铁帮助乘客实现了飞驰的愿望、抵达的快感，在成就事业的路途上，成为他们最有力而优雅的伙伴。

速度成就中国的宏大梦想

速度成就高铁，速度延伸中国的触角，速度成为中国人从现实向未来跨越的跳板。速度是一种无形的力量，吸引着中国人的心，凝聚着中国人的力量；速度也是神秘的地平线，它让没有高铁的国家民众心生艳羡，让早期发展高铁的国家再度奋起直追；速度是指挥棒，它指引中国高铁人从一个领域跨越到另一个领域，完成一次次对系统工程的继承与创新；速度也是一座高山，为人类探索更加自由的飞驰提供了各个层级的参照。

1964 年，日本新干线通车时速 200 公里，到 2011 年新干线“隼”号下线，时速可达 320 公里，从 200 公里到 320 公里新干线走过了 50 多个年头。2004 年伊始，中国逐步引进时速 200 公里的高速列车技术，至 2008 年年底，拥有自主知识产权的京津城际铁路下线运行，时速 350 公里。在 2010 年，CRH380A 正式下线，时速 380 公里，历时仅仅 6 年。

中国高铁速度首先体现在中国高铁发展的速度上。中国在短时间内走完发达国家近 50 年的路，归功于中国铁路通过引进世界最先进的技术，吸收、消化、创新。中国高铁先后向日本、法国、德国等高铁技术输出国购买列车、引入技术，然后进行了大量的测试、实验和科研攻关，在高铁路基工程、桥梁、隧道工程技术等许多技术难题方面取得的重大创新成果。仅仅 6 年的时间，中国的高速铁路技术便连续上了三级台阶：2004 年，通过高铁技术引进再到技术消化直到技术创新，建立了时速 200 公里到 250 公里动车组技术和与之相对应的制造体系；2008 年，时速 350 公里的动车组正式下线；随着技术发展和不断创新，在 2010 年推出了时速350 公里的新型高速列车。须知，高速列车组时速每提升 30 至 50 公里都须进行一系列的测试和技术改进。中国的高铁技术在 350 公里到 380 公里的技术等级上，攻克了大量的技术难题，为高铁技术的稳健发展打下了坚实的基础。

中国的高铁时速达到 350 公里，创下了高铁实际运营时速最高的纪录。此后有消息传出:为了赶超中国的高铁技术,日本正在研发新型高铁技术,旨在将现有高铁速度提升到 360 公里。2010 年,中国南车集团研制并开发的 CRH380A 在调试和综合实验中,时速达到了 486.1 公里,创造了世界铁路实验的最高速。此后不久的 2011 年 12 月,中国推出了运行速度最快的列车,时速 500 公里。这是中国高铁开通以来,中国引进先进技术、联合设计生产、打造中国品牌所引发的"后发优势",曾经落后世界潮流 30 年的中国铁路装备制造业,正在以"中国的方式",建构中国高速铁路产业体系,进而重塑未来世界铁路产业的总体格局。

中国高铁速度体现在中国高铁拉动中国经济发展的速度上。在中国,高铁既是一个时尚的话题,又是一个富有挑战的名词。说起高铁,国人充满自豪、欢欣和向往,高铁凝聚了国家意志和人民的希望;同时,也引发人们更多的梦想。在高铁建设期,高铁经过的地方都会掀起一阵高铁热,也会造就出一个巨大的、充满吸引力的生意场。由于国家大笔资金的投入、科技部门的研发力量多有涉足、与高铁相关的企业得到了蓬勃发展的最好机遇,高铁速度所引发的是经济的腾飞和国家的实力的增强;在高铁的运营期,高铁与人民生活的密切联系,更是推动中国高铁不断向前,为其注入创新发展的原始动力。未来的中国高铁也必将会以更高的速度面向世人,它对中国经济的拉动在它的整个生命周期内所起的作用都将会是巨大的。

中国高铁的速度,承载着中国人对民富国强矢志不渝的梦想,记录了中国人自强不息勇争一流的逐梦历程;中国高铁的速度,演绎着中国和平崛起的历史进程,见证着中华民族伟大复兴的光辉篇章,推进着中国铁路向前发展的坚定步伐。怀揣与风竞速的梦想,中国正涌动着赶超世界一流的豪迈情怀。

中国高铁速度的"井喷现象",体现了中国高铁科技研发人员的科研能力和顽强不屈的拼搏奋斗精神。中国高铁速度写满了中国人的自信品格和创新意志。中国高铁速度展示了中国人发展科技的巨大潜力,也再一次证明我们这个民族蕴藏在民间的巨大推动力,中国民众的力量是伟大的。

中国高铁速度成就了无数积极投身事业者,让他们得以快速成长。中华民族历来就不乏精思妙想的人,在一个曾拥有四大发明的文明古国,在一个幅员辽阔的多民族国家,唯有群众的智慧才是真正的智慧。我们总期望寻找一个巨大的突破口来证明自己的创造能力。当高铁成为创新宣泄的平台,多少参与者贡献出其毕生的智慧。他们的共同努力成就了中国高铁之梦的实现,而中国高铁之梦也成就了他们的个人梦想。与高铁相关的一些企业,近几年在高铁飞速发展的带动下,管理人员和技术人才的能力得到快速提升,他们的成长为中国梦的实现储备了大批的人才。与航空航天等其他高新技术所不同的是,高铁技术因为民众的生活所需,更加带有亲民性的特点,这使中国高铁越发具有一种"飞入寻常百姓家"的亲切感,也使高铁技术的文化含量得以增加。新一代高铁建设者把科技与文化完美结合,由此所积累的经验,必然会成为今后中国高新技术发展的模板,促进中国高新技术的不断发展。

我喜欢一个人乘坐高铁,享受那份风驰电掣的感觉;我更喜欢与各种型号的高铁动车组一起留影,高铁给我以愉悦,高铁给我以感动,高铁更给我一种自信和自豪感。高铁带给我们的时空变幻,高铁赐予我们的飞驰感觉,高铁所打造的一切记忆,都是一种难得的正能量,它催人奋进,催人廓清迷雾势力的影响,因为高铁代表着科学的文明和文明的科学, 现实世界中的我们需要享受它,精神世界中的我们需要反思它,未来世界的我们需要追随它。高铁之速度,远远超过其物理意义,它所包含的是思想的提速、文明的提速和人类追求美好生活脚步的提速!

中国高铁工人的精神

高铁给我们塑造了什么?留下了什么?又在拓展着什么?在对中国高铁人的采访过程中,这也是我一直在追问着自己的问题。乘客看到的是有形的高铁,而高铁却为我们塑造了很多无形的东西,中国高铁工人的精神就是高铁的最佳精神产品。高铁发展留下的不仅仅是完美的造型、飞驰的速度,更留下了一大批堪称中国脊梁的高铁人。中国高铁拓展着中国发展所需要的传统美德,也拓展着现代文明含义下中国工人的精神内涵。

我们可以从参与施工的每一个高铁工人身上,感受中国工人的伟大。时代把中国高铁工人推向了一个创新的平台,时代需要他们去披荆斩棘乘风破浪。

南京大胜关大桥主桥按六线设计,全长 9.2 公里,总造价 30 多亿元,混凝土总方量 122 万立方米,用钢量超过 8 万吨,是武汉长江大桥用钢量的 16 倍,相当于国家体育馆鸟巢用钢量的两倍。建设这座规模如此宏大、拥有多项世界第一记录的桥梁，需要建设者强烈的责任感。

项目部试验室副主任刘屹嵩接受了高性能混凝土配比试验的任务后，每天与同事一起对全桥的混凝土配比进行优化试验，不分昼夜地演算、测试、调整，经过技术攻关，优化后的混凝土配比性能大大提高，水泥用量大量减少了，全桥仅钻孔桩生产成本就下降了一千余万元。主墩支座体积庞大，混凝土灌注时，无法振捣，试验室便按照1:1的模型比例反复试验，进行灌注、检测、分析，经过两个多月的攻关，终于找到合适的配比，解决了大体积混凝土施工的方法。在做临时墩架压力环试验时，要到现场30多米高的钢梁上做试验，检查是否有滑动现象。每次试验两个小时，试验室员工一直持续做了5个多月。

试验人员对高强度螺栓施工可谓煞费苦心。从进场检验、储存管理，再到螺栓施拧、检查工具的标定、过程的控制、质量检查，步步紧跟。用来固定高强度螺栓的电动施拧扳手每班上班前和下班后严格标定一次。温度、湿度对电动扳手的影响很大，班前一两个小时和班后一两个小时试验人员都要对电动扳手进行认真检测，然后才能放到桥上使用。一把扳手必须用5套当天上桥用的高栓进行标定，算出扭矩平均值。如果标定误差大于规定值的±3%，就须对电动扳手进行调整；如果下班后标定误差大于规定值的±5%，试验人员就必须通知技术人员对该扳手当班施拧的全部螺栓进行紧扣检查。严格的技术要求容不得试验人员有半点差错，几百万套的螺栓，需要试验人员精益求精，其艰苦程度难以想象。武汉天兴洲大桥更是被他们打造成一座科技之桥、创新之桥、文化之桥、强国之桥，这座大桥被誉为建筑经典、桥梁杰作。

2008年6月16日零时48分，由中国中铁隧道集团有限公司承担施工的设计时速350公里以上武广客运专线重点控制工程，全长10.081公里的山岭双线隧道——大瑶山一号隧道胜利贯通。这条素有“地下博物馆”之称的隧道地质情况异常复杂，虽然施工中遇到40多次涌水、涌泥险情，但在隧道从开工到贯通的3年间先后避免了8次严重的灾害性突水、突泥事故，顺利通过了13条大断层等不良地质段。建设者们未失一兵一卒，未遭遇过一次塌方、突泥、突水等灾害性事故。能在隧道施工中达到这样的境界，我们可以想象中国隧道工人所付出的艰辛。而在近几年先后加入高铁施工的中国中铁、中国铁建、中国水利水电集团、中建集团、中交集团等单位，在高铁施工中所体会到的艰难程度也远非常人可想。

中国铁路建设者习惯了逢山开路遇水架桥，他们在中国铁路建设的不同时期营造了不同的建设精神。在中国高铁建设史上，高铁建设者也同样创造了高铁建设精神。中国中铁全面打造高速铁路建设领军企业品牌，出色完成了京津城际、武广客专、沪宁、石太、郑西、哈大、京沪等高速铁路建设任务，在全球范围为中国树立起了高铁强国的旗帜，培育出“拼搏创新、赶超一流”的“高铁建设精神”，成为鼓舞员工斗志、激发员工智慧、推动管理创新的强大动力。各个工程单位的高铁精神虽然不尽相同，但都体现了顽强奋斗、追求完美的精神内涵。值得一提的是，在高铁队伍中，一大批农民工兄弟迅速成长起来，中国高铁在孕育过程中即融进了农民工兄弟的深厚情感。这些来自乡土的兄弟，在古老文明和现代文明的交错中，他们的感受应该是最复杂的。他们把虔诚和敬畏、汗水与智慧注入了高铁。没有他们，就没有中国高铁的现在，同样也不会有中国高铁的未来。所以，一听到农民工兄弟舍不得花钱乘坐他们所修建的高铁，我总有一种辛酸的感觉。高铁精神他们不能缺席，他们是构成我们这个民族最伟大的力量的源泉。

其实，所有高铁建设的参与者无时不在打造着既属于自己又属于中国的高铁精神。我在三个动车组生产厂家采访时，他们以自己独特的历史文化传承和高铁建设相结合，凝练出各有特色的高铁精神，这些高铁精神又融入了他们的精神血液。以长春客车公司为例：2004 年，国务院决定由中国北车长客公司与法国阿尔斯通公司联手，引进 CRH5 型动车组制造技术，从此开启了中国高速铁路建设的新纪元。自 2006 年实质性的动车组研制工作始，经过 7 年的艰苦努力，长客已经完全实现了“引进、消化、吸收、再创新”的目标，成功研制出 250 公里/小时速度等级的 CRH5 型动车组，成功研制了 CRH380 系列高速动车组，高质量地完成了世界首个高寒动车组 CRH380B 的研制，圆满地完成了首列具有完全自主知识产权的 CRH3A 高速动车组的研制。围绕着动车组的研制，长客股份建立起四个世界一流的研发平台，建成了世界一流的高速动车组制造基地和科研基地，为长客股份在高速动车组领域引领世界一流水平奠定了坚实的基础。长客股份用 7 年时间走完了发达国家几十年的发展道路。长客股份在收获丰硕物质成果，掌握动车组研制的核心技术的同时，也组建起一支适应时代发展、以建设世界一流企业为目标的职工队伍，形成了以“技能报国、为中国梦提速”为核心的中国第一代高铁工人精神。

长客深深地感到，“技能报国、为中国梦提速”的高铁工人精神，来源于国有企业以振兴中国铁路事业为己任的坚定信念，根植于企业为推进中国高铁事业发展而创新奉献的土壤，成长于对世界先进技术引进、消化、吸收、再创新。研制世界一流动车组的实践过程，浓缩了高铁建设过程中典型群体的典型事迹，展现了中国第一代高铁工人以国家建设为己任、创新求实、拼搏奉献的胸怀，具有强烈的时代特征、坚实的实践基础，是中国工人精神的典型代表。“技能报国、为中国梦提速”的中国第一代高铁工人精神，以及“勤学习、敢担当、重实干、求精细、勇超越”的品质特征，在长客近年来的发展历程中主要体现在以下四个方面：

1.世界一流，舍我其谁的担当信念。

中国北车集团作为大型轨道装备研制集团企业，旗下所属长客股份前身长春客车厂是国家“一五”期间建设的重点企业。作为共和国长子，长客与生俱来地形成了以振兴中国轨道装备制造产业、推进铁路和城铁建设发展为己任的强烈担当信念。

本世纪初，国家开始了高速铁

▲ 无论在新大瑶山隧道，进行轨道施工中的广深铁路，又或是南京大胜关铁路大桥的施工现场，都可以感受到中国第一代高铁工人的“技能报国、为中国梦提速”的精神。

路建设。作为北车旗下中国最大的轨道装备制造企业，长客股份坚定地认为，研制世界一流的动车组，掌握世界最先进的动车组研制技术，担当起推进高速铁路建设的重任非我莫属。无论前路有多少困难和险阻，无论遇到多少挫折和挑战，实现世界一流，推进高铁建设的信念永远不会改变。为了实现这一信念，长客股份调整企业发展战略，明确提出"建设世界一流轨道装备制造企业"的发展愿景。坚持高起点，放弃了技术上成熟、引进即可顺利投产，但技术水平落后的动车组技术引进捷径，转而冒着可能失败的风险，长客引进了当时世界上最先进，但是尚在完善过程中的 CRH5 型动车组制造技术，按照中国的国情对其进行技术改造。在这一过程中，长客股份经历了难以计数的重重磨难，顶住了来自多方面的重重压力，边学习引进，边研究试制，经过刻苦努力、顽强拼搏，终于取得了成功。目前，CRH5 型动车组已经从引进初期的雏形，发展成为 250 公里/小时速度等级中世界最先进的动车组。通过这一过程，长客股份掌握了走捷径所无法得到的核心技术，真正实现了引进消化吸收再创新，把中国动车组研制技术跨越式地提升到 21 世纪。之后，长客股份与西门子公司联合，研制了当今世界最先进的 CRH380B 系列动车组，这是世界首列专门用于高寒地区的高速动车组，还自主研制了专门用于城际的 CRH380C 高速动车组。其中，CRH380B 高寒动车组以优异的性能，经受住了长时间运行、大运能、暴风雪等严酷气象条件的检验，使我国的动车组研制技术领先于世界水平。

为了担当起中国高速铁路世界第一的历史责任，长客股份坚持高标准、高质量，建设了世界上规模最大、设施最先进、配套最完备的高速列车制造基地，建设了高速列车系统集成国家工程试验室、高速列车工程试验中心、国家级企业技术中心、国家企业博士后科研工作站等等，为与世界先进水平同步、提升企业的核心技术能力创造了条件。长客股份瞄准世界顶尖制造技术，提高制造水平，不锈钢车体激光焊接技术、铝合金车体摩擦焊接技术已经达到世界一流水平。回顾所走过的历程，长客股份所迈出的每一步，都源于推进中国高速铁路发展、实现世界一流的坚定信念，同时也是这一坚定信念的具体实践。

2.创新求实，百折不回的进取精神。

高速动车组研制是一个非常复杂的系统工程，融合了计算机网络控制、空气动力学、金属材料学、冶金焊接等多个领域的前沿技术。对这样一个复杂系统的研制，长客股份经历了一个从不认识到认识、从无知到有知的过程。对引进技术的消化、吸收，也经历了从理想到现实的严峻考验，经历了在解决引进技术先天不足、水土不服的诸多磨难过程中实现再创新的过程。在这些过程中，支撑长客股份战胜困难、实现目标的就是那种勤学习、重实干，创新求实，百折不回的进取精神。

最初引进的CRH5型动车组在欧洲并没有完全定型。长客需要立足于我国的基本国情、道路状况以及行车环境，对原有动车组进行大规模的改造，更确切地说是要以世界最高标准来重新设计一辆高速动车组列车。长客所面对的各种困难超乎想象，各种矛盾相互交织、各种问题相互叠加，构成了几乎是不可逾越的障碍。其中最典型的问题就是复杂的网络控制系统。作为按照欧洲运营条件设计的动车组，CRH5在网络控制系统上对运营环境的要求极其苛刻，安全冗余标准非常之高，安装调试、运营过程中任何微小的问题都会导致整个系统停止工作。而这些都无一例外地表现在产品的试制、调试、运营过程中。因此，当时长客一直面临着动车组的研制生产和在线运营动车组维护与故障排除的双重任务，承受着来自旅客、客户乃至社会的多重压力。总工程师、国家863项目专家赵明花临危受命，担任CRH5型动车组项目经理，全权负责研制工作。她深入设计、生产与运营一线，部署对单纯指导生产的技术引进图纸，全部进行整体设计还原，把整张的TIF图分解成自己掌握的电子图，彻底搞清了设计原理；指导从源头加强设计与生产管理。同时，将技术尖子分为两拨，实现了动车组生产调试、在线动车保养维护并行不悖。另一方面又组建数个攻关小组，深入生产一线，对设计过程、工艺处理、运输现场进行深入的研究调查，积累了宝贵的经验。以常振臣博士为首的网络系统研究团队不眠不休地盯在调试和运营现场，分析每一条系统指令，研究每一个系统动作，获取并积累了大量关键运营和故障数据，从最基本的逻辑关系研究入手，为成功掌握动车组网络开发技术奠定了坚实基础。生产单位、调试单位、售后服务部门积极协作，开展技术攻关。经过从设计到修改，从生产到调试一项一项的论证，一项一项的摸索，一项一项的试验，认真体会，反复揣摩。经过了无数次失败和挫折，长客终于完成了CRH5型动车组的研制任务，掌握了世界最高端动车组核心技术，积累了宝贵的实践经验。如今的CRH5高速动车组，在同一级高速动车组中享有技术领先、运行可靠、舒适程度高、故障发生率小的美誉。此后，长客还成功研制CRH380系列动车组。自主研制的CRH380B型高寒动车组，突破了车体隔热保温、防雪防冻、封闭设备舱以及电气、制动、控制设备的低温适应性等关键技术难关，成为目前世界上适用于-40℃高寒地区、运行速度最高的动车组，填补了世界300公里/小时以上速度等级高寒动车组的空白。长客自主创新研制的CRH380CL，是我国第一列全自主知识产权的高速动车组，也是目前国内运行功率最大的动车组，持续运行时速达350公里，最高运行时速可达400公里。在运行时速、牵引功率、可靠性、系统冗余等技术指标以及全寿命周期费用等经济性指标方面，均达到世界领先水平。

3.超越自我，拼搏奉献的坚忍意志。

长客始终坚定地认为，高速动车组的研制绝不是简单地引进产品，建设几条生产线，依赖外国的技术在国内实现生产。而是将国外技术进一步消化、拆解直到吸收创新，在本质上提高中国高速动车组的研发、制造水平，用几年时间走完发达国家几十年所走过的发展道路，实现世界第一，引领世界高速铁路发展的梦想。而要实现这一梦想，除了高标准、高起点，引进、消化、吸收世界最先进的动车组研制技术，实现再创新，还必须从思想观念、管理理念、管理方法、人的素质等方面进行自我改造，实现自我超越，打造推进企业科学发展的软实力。作为一个有着50多年历史的大型国有企业，长客为国家建设作出了突出贡献，也形成了许多优良的传统和作风。但是，多年来固有的管理体制和企业在行业内的领军地位，也导致了一些固有的观念和惰性滋生出来。为此，早在2005年，长客就针对部分干部职工中存在的故步自封的心态，开展了以求真务实为核心的思想整顿活动。它强调在经济全球化大背景下定位自我，以世界一流为目标，把找问题、找差距、不断提升自我作为企业发展的永恒主题；它主张针对长期计划经济体制下形成的种种不良后果，应全面审视在思想观念、发展理念、工作作风中存在的不足，认真反思在新的发展机遇面前存在的问题和差距，求真务实地进行剖析和整改。围绕构建新的观念体系，长客还提出了一系列新的理念，在职工中开展了以“更新发展理念、描绘共同愿景”为主题的系列教育活动，形成了以“锻炼精细品质、塑造民族品牌”为核心的理念体系，思想上的解放为长客奋战高铁奠定了坚实的基础。

2007年，CRH5动车组研制进入攻坚阶段。分析所面临的困难和矛盾，长客深刻认识到，CRH5在设计上确实存在着不足。但是，这些存在的矛盾和问题，也暴露出长客在管理思想、管理实践、行为方式上存在的问题，其中最关键

▲ 如此专注地工作着的唐车公司员工在高速动车组铝合金车体生产线上，正是由于这种专注的精神，才保证了产品的第一流品质。

的就是用大线车生产的管理方式应对现代化、信息化的产品，用大会战的思维和管理方式突破存在的矛盾和问题。思维方式、行为方式与发展要求不相适应，与研制现代化产品要求不相适应，已成为制约其发展的主要矛盾。为此，长客开展了第二次解放思想活动。公司主要领导有针对性地总结提炼出以“一点也不能差，差一点也不行”为要求的职业操守和以科学管理为核心的作业要求。同时，长客进行了企业内部的组织机构改革，将直线管理的业务模式改造成为以项目管理为主线的业务部体制，减少业务交叉和中间环节，大大提高了管理效率。几年来，伴随着高铁建设的飞速发展，伴随着动车组研制的一个又一个成功事例，长客也在不断实现着自我超越，在硬件建设不断取得丰硕成果的同时，企业的软实力也在稳步提升，为推进企业在更高层次上的发展创造了良好的主观条件。

4.如履薄冰,严谨踏实的品质追求。

长客研制的高速动车组是高速行驶的载人设备,稳步提升产品质量,源于产品的本质属性,是确保人民生命财产安全的刚性要求,也是关系到企业前途、高铁声誉、社会稳定,因而必须常抓不懈的战略工程。近年来,围绕着不断提高产品质量,确保高铁运营安全正点,长客以如履薄冰的审慎态度,建立起一整套完整的制度保证体系,探索出一整套行之有效的管理方法和措施,开展了一系列的思想教育和文化实践活动。

长客坚持统筹规划,标本兼治,构建了确保产品质量稳步提升的管理机制。加强制度体系建设,强化源头治理,严格过程控制,持续提高产品质量的管控能力。建立了规范标准的"门、碑、点"管理体系,规范了上万个工艺质量标准,完善数以千计的工作流程,建立了质量实名制管理体系及关键、特殊工序操作者质量档案,严格动态考核,提高质量管理标准,严格过程检查和控制,持续完善IRIS质量管理体系建设。长客坚持质量标准关口前移,培养合格的供应商,完善确保产品质量的供应体系,坚持强化供应商产品质量的管控。完善保证能力评定、首件检验、放行检验、过程审核、供应商业绩评价等工作流程和规范,以对供应商资质的刚性要求,切实消除来自采购过程的质量隐患。加强硬件建设,建设了包括国家工程实验中心、高速车研制中心在内的一系列世界一流研究的研发、制造基地,应用世界最先进的设备和技术保证动车组质量,长客在搅拌摩擦焊、激光电弧复合焊、不锈钢激光焊等领域已经达到世界先进水平。长客从提升队伍整体技术水平,确保产品品质要求出发,扩建职工培训中心,常年开展各种形式的技术培训、练兵比武活动。在管理机制上建立和实施了人才培养战略,制定了面向专家、拔尖人才、操作师等的一系列鼓励政策,还成立了5个"首席操作师工作站"。建立了一支由博士领衔,硕士生、本科生为主体的专家、拔尖人才队伍,以发挥博士后工作流动站和国家级技术中心的优势。在操作人员中,形成了不同等级为骨干的工人人才梯队。核心岗位操作人员数量不断增长,如铝合金和不锈钢焊接、焊接机械手、数控操作工、车电工、调试工等。其中机械手操作者谢元立获得全国劳动模范,焊工李万君获得中华技能大奖,并双双被选为党的十八大代表。经过努力,长客的产品质量始终稳定在很高的水平上。

七年努力,中国第一代高铁工人不负国家的重托,圆满完成了中国高铁建设的历史重任。在这个过程中所形成的中国第一代高铁工人精神也必将作为中国工人精神的典型代表，在长客前进的道路上发挥更加积极的引领作用。

在唐山客车厂采访时，企业文化部的宋唤民副部长和新闻主管吴克超介绍起他们的员工来如数家珍、钦佩有加。似乎每个员工都是英雄，每个环节都有难忘的记忆。吴克超让我感受到唐车人的自豪，他介绍说：

科学探索的精神，有效创新的实践，丰富了中国工人阶级的本质内涵，培养了中国第一代高铁工人，也塑造了学习型、知识型、技能型、创新型的第一代高铁人形象。欧洲几十年的梦想，最终被中国人实现了！中国铁路在今天达到了最顶峰，令世界瞩目，超越期待；中国工人更以追风速度，创造神奇。中国工人阶级的创造精神正是中国高铁赶超世界的重要保证！

"我们是第一代高铁工人，盼望自己亲手造出的产品站在世界最高峰，那将是无比的自豪和骄傲！"全国劳模唐车公司张雪松说。

如果说成功源于专注，那么，中国第一代高铁工人还为之附加上了生命的砝码。

唐山客车公司在 1976 年唐山大地震中几乎被毁，从此之后他们对制造高速动车组就有着特别的期盼。满怀对国家和人民感恩之情的唐车职工，把制造高速动车组当作企业振兴的百年机遇，当作回报国家和全国人民的平台。他们说，党和国家给了唐车人第二次生命，全国人民给了唐车人最大的支持与帮助，高速动车组是国家项目，我们要尽力完成这个项目，绝不给中国人丢脸！宁可舍弃自己的一切，也要完成为国争光的高速动车组项目。

张雪松是这样考虑的：我们要比西门子付出更多的努力，西门子工人一天工作 6 小时，我们必须要每天干满 8 个小时甚至更多才能超越他们。

他们不只在岗位上兢兢业业，还常常在吃饭、睡觉等业余时间琢磨手里的活儿，进行技术攻关。比如用于铝合金板材下料的数控水切割机，其设计结构夹具实现快速装夹很有难度，对薄板卡紧力不足，本身又没有定位基准，准确定位，加工板料浪费很严重，生产效率低下。通过观察和与操作者交流，反复研究设备原有装卡胎具后，张雪松连续试验 15 次效果均不理想。其间有人断言，这项攻关最后只能失败。他先后查阅大量理论书籍和设备资料，反复计算各项参数后，大胆推翻以前的设计思路，采用在卡具背面安装定位销和弹簧的办法，成功制作出自己设计的夹紧装置，既解决了工件不易定位的问题，又通过简易工装解决了厚薄板同时压紧的难题，实现薄板加工。改造后的卡具装卡板料快速准确，加工质量达到“零缺陷”，大幅提高了板料取材率，避免了浪费。

正是因为这种刻苦钻研、艰苦奋斗的精神，才有了今天令世界惊叹的“中国速度”。从跟随到超越，再到引领，不付出牺牲和代价，怎么可以实现？如果不是拿拼搏精神与时间赛跑的话，怎么可以从无到有、从小到大？

五年的追梦时间也许如过眼云烟，但却展示了学习、奋争、创新和进步的全过程。中国第一代高铁工人，正是在不可能的情况下，不但成功地创造出震惊世界的物质成果，而且精彩诠释了同样震惊世界的中国当代工人的优秀品格。中国高铁工人有甘当小学生的劲头。做小学生就不能怕丢脸，用不着跟西门子对比，差距显而易见。设计、工艺、技术、质量、管理、理念、思想，各方面的差距不是一星半点。

人的思维惯性和行为习惯，具有把事情做好、做正确的天然诉求。从低端产品制造到高端产品制造，必须经历从思想观念到行为习惯的深刻变革。最彻底的革命来自于“脱胎换骨”。企业流程再造，是实现这一变革的“硬件”工程。

唐车公司与西门子搭建的世界一流的高速动车组生产平台，使用顶级“硬件”平台制造体系：世界一流的西门子技术+世界一流工艺装备+世界一流的SAP系统和西门子管理模式。

一流的平台不等于一流的产品。因为，无论是技术和装备，还是流程和管理，都要靠人来操纵、执行和控制。人是最基本、最重要、最主动的“软件”因素。

一种针对人的“僵化、固化、习惯化”的理念，应运而生。僵不是死，是不走样；固则是稳定，标准要牢。说得再直接一些，就是以一种谦逊的态度，低下头来虚心学习，一切按照国际化标准行事，所有规程必须有板有眼。

一点也不能差，差一点也不行。即便是“拧螺丝”这个最不起眼的小事，也被工人们反复琢磨。干碳钢车时，工人们习惯用“一锤子打入法”拧螺丝，虽然方便，但时间长了就会导致螺丝滑扣，在高速行驶的列车上使用很危险。

为消除根深蒂固的陋习，工人们与西门子师傅结成一帮一对子。工作中，留心每一个步骤、每一个细节。手法是怎样的、工具采用哪种，都要研究到位。一次，西门子师傅为了一把合适的工具，竟然跑了很远取过来，那严谨，那规范，让唐车人由衷佩服！

在西门子师傅的言传身教下，有位接线工人进步很快，但他不满足于此，常常跟着师傅多看多学。可是，西门子的人只按传授规程教东西，从不多教规定之外的技术。这位接线工人就把师傅操作时剪下的线头小心地捡起来，量出尺寸，做好标记，夹在笔记本里，记录下来。几十次的反复实践、几十次的虚心求教，聪明的中国工人按照自己测量的数据，描着西门子师傅的样儿，还真就把活干了出来。这样的徒弟，终于让老外也竖起了大拇指。

站到巨人肩上之后，我们既享受了“一览众山小”的自豪，同时也感受到了创新与超越的责任。唐车公司总工程师孙帮成说。

中国之所以能快速进入世界高速列车的强国之列，是因为技术引进让我们共享了人类科技的巅峰成果。但是站上巨人的肩膀之后，解决前所未有的时速350公里运营的世界难题的重任，责无旁贷地落在了中国科技人员的身上。

世界高速列车发展史上从没有记载穿越隧道时的空气动力学问题、振动疲劳问题、振动噪声问题，甚至飞鸟冲撞车下悬吊机构都成为现实却无解的世界性难题，研制武广高速动车组的唐车公司科技人员遇到了空前的挑战。

知道老鹰从高空疾扑下来捕捉老鼠时为什么没有声音吗？知道蜻蜓的翅膀为什么反复震颤却不折断吗？知道高尔夫球被大力击出时为什么没有刺耳的啸音吗？在攻克振动噪声、疲劳等世界性难题的过程中，科技人员已经将研究的触角深入到仿生学领域，在更高层次开始了对高速动车组未知领域和全新课题的开创性探索。

没有可供借鉴的资料，没有可供参考的数据，最先攀上世界铁路运营最高速的唐车公司科技人员，注定要成为世界高铁领域第一批吃螃蟹的人：

他们就CRH3动车组关键承载部件进行了1000万次疲劳试验；他们在实验台上模拟实际线路谱进行动车组综合性能试验，受实验设备限制，最高试验速度达到时速400公里，而通过仿真计算，试验时速达到600公里；他们在实验台上模拟了20余种故障工况的试验；他们在铁科院环形试验线和高速铁路上进行的线路运行试验，累计试验里程11万公里，相当于绕地球3圈。在武广高速动车组安全运营的背后，分明闪烁着科学精神挑战科技极限的光辉。

行为习惯的培养，是企业快速成长中不可或缺的磨炼。能将一种好习惯坚持下去，就能培养出一种好人品。具备优秀品质的人，才能做出“零缺陷”的产品来。唐车公司董事长余卫平说。

要养成良好的习惯，第一次就得把事情做好。

在西门子公司，对标准化作业规程，规定好每一个步骤，列出技术要点，提供掌握方法，做到简单易会。在唐车，管理者不仅做到了这些，甚至把每一道工序拍成照片，挂在操作台位上方，一抬头，标准、步骤，一清二楚，时刻给操作人员以提示。

“要第一次就把事情做好，就必须有认真负责的态度，严格要求自己养成自检、互检的习惯。千万不要认为还有机会校正修改。有些错误是永远都不能弥补的，生产高速动车组，必须保证万无一失。”中国北车唐车公司总工程师孙帮成如是说。

无论做什么事，假如过程尽善尽美，那么最终的结果也一定是完美的。“第一次就把事情做好”是追求精益求精的工作态度。它不仅对工作是重要的标准，而且能够树立起一种高尚的品德。

熟练掌握工艺流程，做到工艺“一口清”。

在唐车公司生产现场，每天都会召开班前会，布置当天工作，背诵工作誓言。这些以“80后”为主体的年轻工人，每天都按班组列队，被随机点到的人，要站在6米开外，不允许有丝毫的停顿，高声背诵出所有的工艺要求和操作流程。我在现场采访，三个厂都有类似演练，随便问一个工人师傅，都可以通过这样的检验。

大声喊出来，既告诫自己，也提醒别人。要想一次把事情做好，必须严格工艺要求和操作规程，把要做的事情烂熟于心才能为最终的完美打下基础。所有的制造厂在高铁标准的指引下，已经完成了由半军事化的严格管理过渡到科学精细化管理的新模式。

认真地把简单的事情做到极致就是绝招。

曾经听说在西门子公司的工人中，有一位贴窗膜做了20多年的技师。看起来，这项工作没什么技术含量。可是，一个人20年只认真地干一件事，就掌握了一手绝活。

这就是西门子的管理理念——把简单做到极致，就是绝招。这样的管理文化，打开了中国人的视野。

以中国北车唐车公司总装厂接线五班为例，这些年轻的工人每天的工作就是把线剥开、再接上。每列CRH3动车组有10万多个线路节点，这些节点就像10万多根有生命的神经，每一条神经都要经过五道检查把关，50多万次的重复过后，再简单的工作也不再简单了。一旦接错一根，就将给后续的调试工作带来巨大的麻烦。如果这样的隐患带到行车中,后果可想而知。

这个班的成员高向丽曾充满自信地坚定地对大家说:“别人能做到的,我们也一定能做到!”她成为创造“两万根接线无差错”奇迹的女工。“高向丽的优秀,绝对是可以复制的!”劳模王必耕十分肯定地说。

学到了先进管理方式,制定了规范的标准,各类“岗位标兵”就层出不穷地出现了。到目前为止,唐车已有 30 多位普通工人达到了“万根接线无差错”的技术标准,创造了高速动车组接线准确率 99.999%的业界奇迹。

树立以“碑、门、点”为中心的特殊质量意识。

在唐车公司的高速动车组制造平台有应用纯熟的管理手段里程碑、质量门、控制点。“在我们唐车公司,碑、门、点控制不仅是管理部门的专利,也是操作工人认可并接受的有效管理手段。”中国北车唐车公司质量总监沙连河说。凭借对碑、门、点的有效控制,唐车制造的高速动车组稳固地占据国内高速铁路的高端市场,累计获得高速动车组订单 220 列,总价值高达人民币 400 多亿元。

这里说的碑、门、点,好比是铁路路网运行图的里程碑,已经明确规定了必须实现的技术、质量和进度节点;质量门是用红、黄、绿三种颜色将质量计划、标准、要素和控制方法以数据化的形式表现出来,通过质量门的设计、质量门的关闭、单个质量门的打开和所有质量门的贯通,实现高速动车组核心关键部件零缺陷质量控制的目标;控制点就是以记名操作、质量档案、“四只眼”操作等在高速动车组研制生产中采用的关键项点控制措施。唐车公司的这一具有创造性的举措,有效地强化了高速动车组的安全质量管理。

有效的管理措施不但保证了产品的质量与安全,也极大提升了工人的质量安全意识,一大批操作零缺陷的“星级”员工迅速成为高速动车组最可靠的质量和安全保证。

要记得一条焊缝等于 1200 个你自己。

岗前培训课上,老师向每一位学员反复强调责任的重大:“不要以为一条焊缝无关紧要,一条焊缝,就有可能造成车毁人亡的惨剧!它关系到 1200 条鲜活的生命!”

在唐车公司高速动车组制造基地,所有操作者都严格执行实名作业制度,整个操作流程中严格执行这项制度。在严格按操作规程和标准完成工作后,每个人都要将自己的工号或名字打在相应的位置上。“责任真是重如泰山啊!”中国北车唐车公司接线班班长刘莉莉无限感慨地说。

“高铁是比天大、比泰山还重的事业，所以，我们在制造过程中，几乎是把自己的血肉熔铸进了动车组的钢筋铁骨！”唐车公司“金蓝领”刘春海说。

武广高速铁路正线试验期间，唐车公司质量总监沙连河站在车头的司机室旁，感受到心理压力之大，是前所未有的。看着窗外一片模糊的景象，抚着墙板的手，一会儿被推开，一会儿又被拉紧。特别是当列车进出隧道的一瞬间，有如

▲ 工人对高速动车组进行装配调试，确保达到高速动车组制动管路的工艺要求。

排山倒海的滚雷，劈面而来。在他的记忆中，这个时刻是永远难以忘怀的。

这些在唐山大地震后对国家和人民怀着感恩之心的人们，用他们自己的严格自律和忘我工作，把建设高铁作为人生的新目标，以高度负责的精神对待每个从自己手下经过的瞬间。

只有从心里发出来的热爱，才会满含激情。

唐车公司总装配一厂剪线班班长吕开香，在压力和困难面前不愿服输，是一个永远富有激情的人。孩子两岁时她去德国培训时，家里人轮流陪孩子睡觉。可孩子不管谁来，都不让用妈妈的枕头，因为上面有“妈妈的味道”。吕开香听说后，告诉自己只有发奋努力才不辜负孩子。回国后，通过快速消化，在西门子技

术的支持下，她制定出标准的操作技法。用这套技法做出的线束受到西门子专家的赞扬，因为它既整齐又漂亮。现在，这个班里已经有 12 名质量免检员工，接近整个班组成员的一半了。

在高速动车组技术引进过程中，中国第一代高铁工人既做虚心学习、兼收并蓄的小学生，也敢于对现有的技术提出自己的见解，他们表现出来的科学精神，赢得了各方的尊重。

张东义是唐车公司的焊工高级技师，开始他严格按西门子工艺要求，在温度、湿度等环境标准下操作，但焊接气孔和焊不透的问题一直解决不了。在不断的研究中，他开始对铝合金预热温度不允许超过 100℃的工艺要求产生了怀疑，他提出在焊接方法不变的情况下，外界条件一定要变，才能解决气孔和焊不透的问题。可是没有理论依据，就不能推翻西门子的技术工艺标准。他反复上网查找资料，研究中国和德国在环境温度、湿度等方面的不同，并根据不同的条件，设定不同的温度和湿度环境。经过上百次试验，他得出结论，在中国的温度和湿度条件下，铝合金厚板焊接的预热温度可以超过 100℃。这一发现，推翻了传统的铝焊接理论，连一向以执着和坚持著称的西门子专家，在张东义出具的具有说服力的试验数据面前，也高度认可了他提出的改变预热温度的意见。

苏健是唐车公司总装配厂配管班班长，他带领自己的一班人，出色完成着高速动车组制动管路配装工作。制动管路配装是关键工序，总长超过 2400 米的 1100 多根管子，90%是立体弯管，最多的一根管上有 16 个弯，且管壁的厚度只有 1.5 毫米。在这个没有西门子专家支持的工序，苏健和工友们进行了 4500 多次试验，在制造过程中也曾遇到过弯管时管路回弹和延伸的难题，为了保证实现回弹角度误差不超过 0.1 度、回弹长度控制在 1 毫米之内，他们依靠自己的力量，用 4500 多个精准数据，建立了一个管路回弹和延伸的精确补偿数据库，填补了公司管路回弹延伸补偿数据的空白，确保达到高速动车组制动管路的工艺要求。

不能理解中国第一代高铁工人何以如此拼命的外国专家，还认真地为中国伙伴争取过“权利”。那是在动车组生产的关键时期，德国专家布拉赫拿着两张写满名字的名单，气冲冲地找唐车公司时任铝合金车体项目负责人周军年，指着名单说：“据我们统计，这些人已经一年半没有休息过一天了，你必须安排他们休息！给他们休息的权利！”

周军年无奈地苦笑着，他知道，德国专家无法体会中国第一代高铁工人的幸福观，快乐观，乃至人生观。他们用放弃休息，赢得钻研技术的时间；他们用辛勤的汗水，换取风一样的速度。他们的努力，他们的拼搏，连同他们的责任，都在高铁的建设中一起成为中国工人的骄傲！

正如中国北车集团唐车公司董事长余卫平所说："富于激情的工作和创造，是我们战胜和挑战一切困难的法宝！""激情是什么？激情是敬业精神，富有激情的人才是敬业的典范。"他那平静的语调里同样充满着激情。

每当我听到长客、唐客和四方三个动车制造厂家的宣传部长们讲述类似高铁工人的故事时，心中就涌出更多的感动。也许，把高铁在中国的引进、发展时间拉长，中国高铁就不会涌现出这么多动人的故事，而正因为时间的高度压缩，才使得中国高铁工人向自己要潜力、靠精神战胜困难、靠实干寻求问题的解决方法，靠团队的力量打造高铁精品。在参与高铁建设和管理的众人之中，可歌可泣的故事何止千万？我只能采撷一点放在这里，正是这些真实的记录，铸就了中国高铁工人精神的丰碑。

中国高铁引领世人飞翔在现代文明之路上

古老的东方文明至今仍在中华民族漫长的历史发展长河中熠熠生辉，源远流长的儒家文化也曾经滋养和濡染过西方先哲，华夏文化在世界各地的广泛传播曾经确立了以农牧业为基础的古老中国在世界的地位。在世界经济文化日新月异、迅猛发展的今天，我们一直引以为豪的地大物博、人口众多，早已经不再是一种优势。相反，这种优势正在被错综复杂的情况所消解，隐含着掣肘经济发展的众多不利因素，中国靠什么赢得世界的信任、尊重和支持，最终实现大国复兴、和平崛起的时代梦想，是时代赋予中华儿女义不容辞的责任和担当。

中国高铁无疑走在了时代前列，6 年走完发达国家 40 年高速铁路发展历程；3 小时快速抵达替换了曾经的武广间需要 11 个小时才能抵达的历史，集 4 种世界最先进的技术于一体的高速铁路用时空的缩短转换着人们的思维方式。从单一的技术引进到系统理论创新，从战战兢兢的追随者到胸有成竹的领跑者，中国高铁似乎在一夜之间完成了华丽的嬗变，成为展示中国 30 年改革发展成果的新"名片"，成为当今世界高铁发展史上一颗璀璨的明珠。技术与装备水平前所未有，成为规范管理和安全系数最高、速度最快的高速铁路，中国创造再一次刷新了中国装备制造业的纪录，重新树立了中国的大国形象，展示着当下中国人的智慧与担当。

发展和创新在每个技术系统为中国高铁注入了新能量，给中国经济腾飞增加了新动力。对于经济发展越来越趋于全球化的今天，中国经济已经发展为世界经济链条中的重要一环，实现中华民族的复兴，建设富强的社会主义现代化国家是中国梦的核心内容。在聚焦世界目光、赢得国际瞩目，为中国经济发展寻找更多先机方面，中国高铁技术无疑做了最成功的尝试。世界各国对中国的发展变化投来钦佩目光之余，借助高铁平台，积极争取和中国高铁的合作机会，也促进了相关专业的发展，对中国未来的经济腾飞无疑是最有利的。

按各国高铁发展规划预统计，到2020年，世界高速铁路总里程将超过5万公里，未来7年内的新增里程将达到3万公里以上，由此带来的高铁直接投资将超过1.1万亿美元，约合人民币近7万亿元。如果按全产业链的增加值计算，高铁发展对世界经济将起到巨大的推动作用。目前，全球已投入运营的高速铁路约2万公里，至2013年年底，中国铁路运营里程达10.3万公里，随着宁杭、杭甬、盘营、津秦、西宝高铁等重点项目建成投产，高铁运营里程将达11000多公里，居世界第一位，中国高铁发展带来的经济格局的调整，有可能刺激中国高铁更加快速的发展。

以2008年京津城际诞生为起点，中国大踏步地跨入真正意义的高铁时代。武广、郑西、京沪、哈大、京广等高铁线路不断丰富着“高铁家族”，日新月异的高铁线路在带动沿线经济发展，促进人流、物流、信息流交汇的同时，悄然影响着中国乃至世界运输格局，刺激着区域经济发展新的增长点。当英国人还在为短短的一段高铁的修建争论时，中国悄然出现的总长度几乎是欧洲和日本总和的两倍的铁路，让他们感到无比惊讶。目前在全中国，高铁连接起100多个城市，令伦敦市长颇感兴趣的不仅是中国高铁技术发展之快，还有中国高铁所书写下的浓浓的中国味道。这位外国市长的感想与震动，同样发生在其他国度的到访者身上。

领略过中国高铁巨龙般地飞驰图景的外国政要们，自然会对中国高铁生出无穷的兴趣。连一些超级大国，也低下他们高傲的头颅，先后向中国抛出了橄榄枝。中国高铁，既改变着中国国内铁路运输格局，也逐渐向世界扩散出它的影响

和谐号
和谐号
和谐号
和谐号

力，当美英俄日等30多个国家的政要、国际组织负责人分200多批次来华乘坐过中国高铁之后，中国高铁之风很快席卷世界。中国高铁凭借自身的技术和价格优势，很快开拓出自己的创新市场。

2009年10月，武广高铁开通前两个月，中俄签订了发展高速铁路备忘录。

2009年11月，美国通用电气公司和中国铁道部签署备忘录。

2011年7月，中国为土耳其承建的高铁机车设备运抵伊斯坦布尔。

此后，中国还与老挝、巴西等国签署了高铁领域合作意向书或协议，有些重大项目已进入实施阶段；与缅甸、波兰、印度和中亚部分国家达成了合作发展铁路的意向。

2013年12月1日，在罗马尼亚首都布加勒斯特的议会大厦布勒蒂亚努大厅，人们兴致勃勃地参观由中国铁路总公司主办的中国铁路等基础设施及装备制造展。为期6天的展览于12月1日闭幕。由于这天恰逢罗马尼亚国庆节，当天约有1.3万人参观了这个展览。人们在看完高铁电视宣传片后，十分兴奋，渴望高铁早日在他们国家修建开通。

2013年10月12日，在泰国访问的李克强总理向时任泰国总理英拉推销中国高铁时说："'和谐'号时速可以达到每小时350公里，平稳、舒适，采用中国高铁技术，从曼谷到英拉的故乡清迈678公里的路程，所需时间将从目前的11个多小时缩短至3小时。"他承诺，"中国完全有能力为泰国建设符合当地特点的、质量上乘的高铁。"

英拉对中国高铁建设所取得的成就表示高度赞许，也向李克强介绍了2020年泰国铁路建设规划及其在地区互联互通中的地位。双方一致认为：中泰加强铁路合作，不仅将促进泰国基础设施建设和经济、社会发展，也有利于两国实现互利共赢，进而造福两国人民，并为地区互联互通建设作出贡献，希望双方早日启动实质性合作。

按照泰国的高铁建设规划，泰国将成为东盟首个拥有高铁的国家，并将在未来7年内完成4条高速铁路的建设，将曼谷与北部清迈府、东北部呵叻府、西部华欣和东部帕塔亚连接起来。在未来的规划中，前三条线路预期将分别延伸至缅甸、老挝和马来西亚，进而连通中国昆明和新加坡。目前，这一计划虽然有所放缓，但众多国家对中国高铁充满信心，中国高铁步入这些国家只是时间问题，未来中国高铁制造将遍及世界。

▲ 2013 年 12 月 1 日，罗马尼亚首都布加勒斯特，由中国铁路总公司主办的中国铁路等基础设施及装备制造展在当地举办，人们兴致勃勃地参观。罗马尼亚儿童观看中国高铁模型，好奇而又喜爱。

短短 7 年，中国高铁就完成了质的飞跃；短短 7 年，中国高铁就坚实地屹立在世界高铁舞台上，中国也成为举世瞩目的高铁发达国家。尤为可贵的是中国高铁发生“7·23 甬温线特别重大铁路交通事故”后，铁路人不惧国内外的众多质疑默默攻关、自我完善，如今已形成高铁建设庞大而科学的技术系统体系。时间和事实见证了中国高铁已经处于世界领先地位所走过的历程，中国高铁人从来没有停止过向未来高铁的尖端技术冲刺，世界各国看好中国高铁自然理所应当。

中国高铁不仅成就了中国人的飞驰梦想，更重要的是它还在引领着世界高铁技术的发展方向。中国人的创新技能赢得了世人的瞩目，高速铁路也必将携带着中国文明的种子走向世界。经过中国人改良的高铁更加富有中国文化色彩，经过中国人推广的高铁更加带有东方韵味。中国高铁不是外国高铁的简单翻版，也不是一个仅仅惠及本国民众的交通利器。中国铁路人，把中国高铁打造成了能承载世界人民出行梦想的翅膀，当带着“中国制造”字样的高速列车飞驰在异国的土地上，当众多国家的旅客享受到中国高铁的便利之时，强大的中国形象、伟大的中国文明、和平的交往理念，将会在异国民众心中沉淀生根。中国铁路人的贡献，成就了无数中国人的强国梦！

中国历史不会忘记，中国高铁实现了中国人在交通运输行业的伟大梦想；世界历史同样不会忘记，中国高铁成就了世界各国人民完美抵达的愿望。中国高铁所营造的物质文明和精神文明，必将成为世界人民关注的新的文明模式之一。中国高铁，这个赠予世人美好梦想的符号，将永远深深扎根在那些渴望美好、爱好和平、追求大同的人们心中。

名词解释

在本书中，涉及以下相关企业，为方便读者更好地理解本书内容，特做如下能解释：

1. 中国南车股份有限公司 （简称“中国南车”，英文CSR）系由中国南车集团公司联合北京铁工经贸公司共同发起设立的股份有限公司。成立于2007年12月28日，2008年8月实现A+H股上市，有19家全资及控股子公司，分布全国11个省市，员工近9万人。主要从事铁路机车、客车、货车、动车组、城轨地铁车辆及重要零部件的研发、制造、销售、修理、租赁和轨道交通装备专有技术延伸产业，属于机械制造业中的交通运输装备制造业。

2.中国北车股份有限公司 （简称“中国北车”，英文CNR）系由中国北方机车车辆工业集团公司联合大同前进投资有限责任公司、中国诚通控股集团有限责任公司和中国华融资产管理公司，于2008年6月26日共同发起设立的股份有限公司，是中国轨道交通装备制造行业的领军企业。现有27家主要子公司。主要经营：铁路机车车辆（含动车组）、城市轨道车辆、工程机械、机电设备、环保设备、相关部件等产品的开发设计、制造、修理及技术服务、设备租赁等业务。

3.中国铁建股份有限公司 （中文简称中国铁建，英文简称CRCC），前身是铁道兵，由中国铁道建筑总公司独家发起设立，于2007年11月5日在北京成立，为国资委管理的特大型建筑企业。是“世界500强企业”。业务涵盖工程建筑、房地产、特许经营、工业制造、物资物流、矿产资源及金融保险，已经从以施工承包为主发展成为具有科研、规划、勘察、设计、施工、监理、维护、运营和投融资的完善的行业产业链，具备为业主提供一站式综合服务的能力。

4.中国中铁股份有限公司 前身是1950年3月成立的铁道部工程总局和设计总局，后变更为铁道部基本建设总局。1989年7月，铁道部撤销基本建设总局，组建中国铁路工程总公司。2000年9月，与铁道部“脱钩”，整体移交中央大型企业工作委员会管理。2003年4月归属国务院国资委管理。2006年11月，成为首批国有独资企业董事会试点企业。2007年9月12日，中国铁路工程总公司独家发起设立中国中铁股份有限公司，是集勘察设计、施工安装、房地产开发、工业制造、科研咨询、工程监理、资本经营、金融信托、资源开发和外经外贸于一体的多功能、特大型企业集团，为“世界500强企业”。

5.中国交通建设股份有限公司 （以下简称中交股份）成立于2006年10月8日，是经国务院批准，由中国交通建设集团有限公司整体重组改制并独家发起设立的股份有限公司，是中国第一家成功实现境外整体上市的特大型国有基建企业，为“世界500强”企业，主要从事港口、码头、航道、公路、桥梁、铁路、隧道、市政等基础设施建设和房地产开发业务。参与了国内众多高等级主干线公路建设。世界第一疏浚企业。是中国最大的国际工程承包商。

6.中国建筑工程总公司 （以下简称“中建总公司”）正式组建于1982年，其前身为原国家建工总局，是中国专业化经营历史最久、市场化经营最早、一体化程度最高的建筑房地产企业集团之一，拥有从产品技术研发、勘察设计、工程承包、地产开发、设备制造、物业管理等完整的建筑产品产业链条，是中国建筑业唯一具有房屋建筑工程施工总承包、公路工程施工总承包、市政公用工程施工总承包三个特级资质的企业，为“世界500强企业”。

7. 中国水利水电建设股份有限公司 于2009年11月27日宣告创立，是中国水利水电建设集团公司整体改制并控股创立的股份公司，主要从事国内外水利水电建设工程的总承包和相关的勘测设计、施工、咨询、监理等配套服务，以及机电设备、工程机械的制造、安装、贸易业务，电力、公路、铁路、港口与航道、机场和房屋建筑、市政公用、城市轨道等方面的工程设计、施工、咨询和监理业务，投融资业务，房地产开发经营业务，进出口贸易业务等。

8.中国铁路总公司 2013年3月10日，根据国务院机构改革和职能转变方案，实行铁路政企分开，组建中国铁路总公司(China Railway Corp)，承担铁道部的企业职责；不再保留铁道部。2013年3月17日，中国铁路总公司正式挂牌成立。2013年5月21日，与国家铁路局“三定”编制同时进行的中国铁路总公司机构编制敲定。统一调度指挥铁路运输，实行全路集中统一管理，确保铁路运营秩序和安全，确保重要运输任务完成，为人民群众提供安全、便捷、优质服务。

9.中国北车唐山轨道客车有限责任公司 (简称唐车)前身为唐山丰润县(今丰南县)胥各庄修车厂，始建于1881年，是中国轨道装备制造业的发祥地和摇篮。唐车曾制造出中国第一台机车“中国火箭”号，中国第一辆客车“銮舆龙车”，中国第一辆货车、第一辆轨道检查车……创造了一批批领先于同时代的机车车辆。1994年至今，唐车为中国六次铁路大提速批量提供了新型客车，累计生产各型客车逾万辆。2010年，唐车自主创新研制出国产新一代“和谐”号CRH380BL动车组，最高时速380公里。

10.长春轨道客车股份有限公司 (也称为长春客车厂、长客股份、北车长客)成立于2002年3月，是由中国北方机车车辆工业集团公司作为主发起人，在原长春客车厂基础上经改制、重组后组建的股份制公司。是我国最大的铁路客车和城市轨道车辆的研发、制造和出口基地，生产铁路客车覆盖全国所有的铁路局(集团公司)和地方铁路公司，产品已出口到伊朗、巴西、澳大利亚、泰国、阿根廷等十几个国家。

11.南车青岛四方机车车辆股份有限公司 是中国南车股份有限公司的龙头企业，前身是四方机车车辆厂，始建于1900年，1952年曾成功研制出新中国第一台蒸汽机车。是中国轨道交通装备制造行业的骨干企业，是中国机车车辆的重要生产基地和出口基地，中国高速列车产业化制造基地和城轨地铁车辆定点制造企业，国家主要的轨道交通装备产品出口基地，高速动车组市场占有率近 50%，高档铁路客车市场占有率超过 70%。生产的动车组列车有 CRH2、CRH380A 等。

12.南车株洲电力机车研究所有限公司（简称株洲所）始创于 1959 年，前身是铁道部株洲电力机车研究所，为中国南车股份有限公司全资子公司，拥有两个国家级技术中心、两个博士后科研工作流动站，以及交流传动系统集成、变流、电子控制与网络、安全监控、功率半导体器件、橡胶弹性减震元件、传感器、电动汽车等八大核心技术，主要从事机车电传动技术及电力机车、内燃机车、地铁及轻轨车辆、客车、大型养路机械等产品的开发与生产。

参考文献

[1] 陆一娣. 磁悬浮列车的原理及应用. 现代物理知识. 2009-12-18.

[2] 高铁风云——世界高速铁路百年史话——超级工程一览.(http://blog.sina.com.cn/chinatop10).2012-10-04.

[3] 刘琳.磁悬浮技术与磁悬浮列车.现代物理知识.2004-05-18.

[4] 唐锐,吴俊泉.中低速磁悬浮列车在我国城轨交通中的应用前景.都市快轨交通. 2006-04-28.

[5] 徐鹤寿.秦沈客运专线建造技术.中国铁道科学.2003-04-28.

[6]北京南站.百度百科. 网络(http://baike.baidu.com/view/325980.html?fromtaglist).

[7] 北京南站——亚洲第一站——铁路常识. 中国铁道网.(http://www.railcn.net/knowledge/railway-station/404.html).

[8]高奕颜,苏庆.聚焦铁路第六次大提速.中国水运.2007-04-10.

[9] 矫阳,梁成谷. 解读铁路第五次提速新技术. 科技日报. 2004/04/14.

[10] 矫阳.让"火箭"列车驰骋世界科技日报. 2011-07-12.

[11] 孙树伟.激情南车四方百年创造多个第一;研制中国人自己的高铁.(http://blog.sina.com.cn/s/blog_5d5c750a01017ncz.html). 2013-03-24.

[12] 文治.从跟随者到领跑者——记中国南车青岛四方机车车辆股份有限公司自主创新之路.企业文明.2011-08-15.

[13] 刘成. 自主创新结硕果. 经济日报. 2011-07-08.
[14] 宋学春.飞驰在中华大地上.人民日报.2011-07-10.
[15] 凌翔，窦新.从跟随者到领跑者.光明日报.2011-07-08.
[16] 矫阳.转向架：千万次加载不疲劳 .科技日报. 2011-11-25.
[17] 中国南车四方股份公司提供.风行四方 愈速愈美丽.人民铁道. 2010-12-07.
[18] 何旭，赵明花，发现问题与解决问题的女工程师. 人民铁道. 2010-10-25.
[19] 吉喆，苏云峰.南车青岛四方股份:竞争力是这样炼成的.财经界.2009-03-01.
[20]苗俊杰，闫倩.京沪高铁“龙头效应”.瞭望.2008-12-22.
[21] 戴荣里.中国高速铁路发展的伦理审视——“7·23”中国高铁事故的反思及日、法、德高铁发展的启示.北京科技大学学报(社会科学版).2012-06-25.
[22]国务院对“7·23 甬温线特别重大铁路交通事故”作出处理.人民日报.2011-12-29.
[23] 邬群亮，窦新.CRH380A 是这样炼成的. 人民铁道. 2011-07-01.
[24] 何聪，汪鹏飞.中国高铁带来的影响——高铁对中国的影响.科技致富向导.大学学报(哲学社会科学版). 2011-06-15.
[25] 南车集团（含四方机车厂、株洲所）. 相关宣传资料(2009-2014).
[26] 北车集团（含长春客车厂、唐山客车厂）. 相关宣传资料(2009-2014).
[27]中国铁路工程总公司(含原铁道部).相关宣传材料、技术总结(2009-2014).
[28]京沪高铁公司.技术总结和相关宣传材料(2009-2014).
[29]中国铁路博物馆.相关宣传材料(2009-2014).
[30]人民铁道报社.相关图片、视频和文字宣传材料(2009-2014).